首都经济贸易大学出版基金资助

U0595221

REACA
扩展模型研究

崔 春◎著

REACA
KUOZHAN MOXING YANJIU

首都经济贸易大学出版社
Capital University of Economics and Business Press
·北京·

图书在版编目（CIP）数据

REACA 扩展模型研究/崔春著． –– 北京：首都经济贸易大学出版社，2018.9

ISBN 978 – 7 – 5638 – 2858 – 6

Ⅰ. ①R… Ⅱ. ①崔… Ⅲ. ①会计—经济模型—研究 Ⅳ. ①F230

中国版本图书馆 CIP 数据核字（2018）第 211552 号

REACA 扩展模型研究

崔 春 著

责任编辑　刘元春　　田玉春

封面设计　　砚祥志远·激光照排
　　　　　　TEL: 010-65976003

出版发行　首都经济贸易大学出版社

地　　址　北京市朝阳区红庙（邮编 100026）

电　　话　(010) 65976483　65065761　65071505（传真）

网　　址　http://www. sjmcb. com

E – mail　publish@cueb. edu. cn

经　　销　全国新华书店

照　　排　北京砚祥志远激光照排技术有限公司

印　　刷　北京九州迅驰传媒文化有限公司

开　　本　710 毫米×1000 毫米　1/16

字　　数　250 千字

印　　张　14.25

版　　次　2018 年 9 月第 1 版　2018 年 9 月第 1 次印刷

书　　号　ISBN 978 – 7 – 5638 – 2858 – 6/F·1581

定　　价　43.00 元

前　言

信息技术（information technology）是 20 世纪科学技术发展最卓越的成就之一。以计算机软硬件技术、网络技术和数据管理技术为核心的 IT 技术，正在改变着企业的管理模式、生产方式和业务流程，并对会计信息运用的自动化、集成化、社会化提出了新的要求。

为了满足社会经济发展对会计信息提出的新要求，人们对会计信息系统进行不断完善，逐步形成了由部门级、企业级的信息共享到价值链的信息共享与集成。但在这一发展过程中，并没从根本上改变模仿手工提取、处理和报告会计信息的生产方式，因而也不能真正满足社会发展对会计信息的新要求。会计信息作为会计信息系统的一种产品，其产品的质量取决于会计信息系统对信息的生产和加工方式。

以此为背景，本书阐述逻辑建模在软件工程中的重要地位，回顾会计信息系统逻辑建模的演变过程，分析会计信息系统发展相对于信息需求的滞后性，指出不断变化的信息需求和信息技术的发展是会计信息系统逻辑建模理论研究的原动力。本书在总结 REA（resource，event，agent）模型的理论内涵，以及评价 REA 模型的优点与不足后，又在 REA 模型基础上加入控制要素 C 和审计要素 A，并与 REA 模型中原有的三要素（资源要素、事件要素、参与者要素）进行有机整合，形成了 REACA 扩展模型。本书的理论目标是通过对 REACA 模型逻辑建模过程中的规律、规则、经验等进行抽象、概括和总结，构建 REACA 扩展模型的理论框架，为内控和审计线索在信息系统中的嵌入提供一个可行的参考模型。

本书的结构如下。

第一部分，本书第 1 章，概括介绍本书的研究背景、研究对象、研究目标、研究意义以及研究创新与不足，即从理论必要性和实践可行性等方面反映该选题的重要价值。

第二部分，本书第 2 章、第 3 章概述 REACA 扩展模型的理论基础，基于控制论和本体论等理论，对麦卡锡（McCarthy）教授提出的事项会计进行扩展研究；本书在第 3 章中详细回顾 REA 模型的概念、内涵、特点以及相关的研究扩展。

第三部分，本书第 4 章、第 5 章和第 6 章，详细分析 REACA 扩展模型的架构和特征，研究模型中的控制和审计要素，阐述基于 REACA 模型进行逻辑建模的基本方法，包括逻辑建模的技术特征、建模的描述工具和建模步骤等。

基于上述理论和研究方法，本书以一个完整的案例，展示基于 REACA 扩展模型的会计信息系统逻辑建模的具体应用，分析 REACA 扩展模型逻辑建模的效果，阐述该模型对管理会计和财务会计报表的支持作用。

第四部分，本书第 7 章，概述本书的研究结论，并对 REACA 扩展模型的实际应用前景和策略进行分析。

2017 年，中国会计学会计信息化专业委员会历经半年，通过广泛问卷调查和专家评审选出了《2017 影响会计从业人员的十大技术》，分别是：大数据、电子发票、云计算、数据挖掘、移动支付、机器学习、移动互联、图像识别、区块链、数据安全技术。这些技术单独或连同其他技术，共同对现有的商业模式、财务管控和审计监督产生深刻影响。目前国内外对基于大数据、云计算的会计和审计问题的理论研究与企业实践日益活跃，但多数研究都是从数据整合、数据挖掘以及数据分析的角度对财务共享服务、财务会计与管理会计融合、业财融合等问题进行探讨，鲜有论文从信息化时代下企业商业活动本体的角度研究会计系统，这便是本书的独特研究视角。

本书是在作者博士论文的基础上修订而成的，由于各方面条件的限制，书中某些观点还需要进一步完善，甚至存在缺陷，希望广大读者给予批评和指正。

崔　春

2018 年 7 月 18 日于北京

目 录

1 绪 论 ……………………………………………………………………… 1

   1.1 研究背景 ………………………………………………………………… 3

   1.2 研究对象 ………………………………………………………………… 4

   1.3 REACA 扩展模型的提出 ………………………………………………… 4

   1.4 研究思路与方法 ………………………………………………………… 10

   1.5 研究意义 ………………………………………………………………… 13

   1.6 研究创新与不足 ………………………………………………………… 16

2 REACA 扩展模型的理论基础 …………………………………………… 19

   2.1 系统论、信息论和控制论 ……………………………………………… 21

   2.2 软件工程和内部控制理论 ……………………………………………… 22

   2.3 ISCA 模型理论 ………………………………………………………… 28

   2.4 本体论（ontology） …………………………………………………… 31

3 REA 模型概述 …………………………………………………………… 35

   3.1 REA 模型的基本架构 ………………………………………………… 37

   3.2 REA 模型的特点 ……………………………………………………… 41

   3.3 REA 模型的建模方法 ………………………………………………… 43

   3.4 REA 模型研究综述 …………………………………………………… 46

4 REACA 模型的基本理论 ………………………………………………… 57

   4.1 REACA 模型的基本架构 ……………………………………………… 59

4.2　REACA 模型的特点 ……………………………………… 73

4.3　REACA 模型的可行性和必要性分析 ………………… 80

4.4　REACA 模型中的控制要素分析 ……………………… 87

4.5　REACA 模型中的审计要素分析 ……………………… 103

4.6　REACA 模型对 REA 本体的扩展 …………………… 108

5　基于 REACA 模型的逻辑建模研究 ……………………… 111

5.1　基于 REACA 模型的逻辑建模概述 ………………… 113

5.2　基于 REACA 扩展模型的逻辑建模规则 …………… 118

5.3　基于 REACA 的逻辑模型建模步骤 ………………… 124

5.4　基于 REACA 模型的逻辑建模分析方法 …………… 133

6　REACA 扩展模型逻辑建模的案例研究 ……………… 141

6.1　BDYK 公司的基本情况 ……………………………… 143

6.2　BDYK 公司业务过程分析 …………………………… 148

6.3　BDYK 公司采购付款业务过程建模 ………………… 149

6.4　BDYK 公司采购付款业务过程 REACA 逻辑模型的效果评价 … 182

7　结论与展望 ……………………………………………… 191

7.1　本书结论 ……………………………………………… 193

7.2　研究的局限性 ………………………………………… 197

7.3　REACA 扩展模型应用的瓶颈与展望 ……………… 198

7.4　对未来会计信息系统发展策略的若干思考 ………… 199

附　录 ……………………………………………………… 203

参考文献 …………………………………………………… 206

后　记 ……………………………………………………… 215

图表索引

图索引

图 1 - 1　章节架构 ·· 11

图 3 - 1　REA 原始模型 ··· 38

图 3 - 2　经济事件与业务事件的关系 ······················· 40

图 3 - 3　REA 模型的结构化导向示例 ···················· 43

图 4 - 1　REACA 模型框架结构 ································· 65

图 4 - 2　传统自动化会计信息系统的数据处理和会计信息取得过程 ······· 79

图 4 - 3　事件驱动系统的数据处理和会计信息取得过程 ············· 80

图 4 - 4　控制要素的内容 ··· 88

图 4 - 5　业务事件风险和信息处理风险 ·················· 89

图 4 - 6　控制要素的结构 ······································· 102

图 4 - 7　审计要素的内容 ······································· 104

图 4 - 8　审计要素的结构 ······································· 107

图 5 - 1　REACA 交换过程 ····································· 120

图 5 - 2　REACA 转换过程 ····································· 121

图 5 - 3　REACA 价值链模型 ································· 122

图 5 - 4　REACA 分析模型 ····································· 130

图 5 - 5　请购事件 REACA 模型 ···························· 131

图 6 - 1　BDYK 公司组织结构 ······························ 144

图 6 - 2　BDYK 公司业务过程概况 ························ 150

图 6 - 3　物料战略分类 ·· 155

图 6 - 4　BDYK 公司基于物料分类的差别采购策略 ………… 156

图 6 - 5　请购事件 REACA 分析模型 ………………… 161

图 6 - 6　授权采购事件 REACA 分析模型 ………………… 164

图 6 - 7　采购事件 REACA 分析模型 ………………… 167

图 6 - 8　验收事件 REACA 分析模型 ………………… 170

图 6 - 9　付款事件 REACA 分析模型 ………………… 173

图 6 - 10　BDYK 公司采购付款业务过程 REACA 模型 ………… 178

图 6 - 11　审计轨迹 ……………… 180

表索引

表 3 - 1　业务过程 REA 模型矩阵工作表 ……………… 44

表 3 - 2　REA 模型结构的扩展研究 ……………… 47

表 3 - 3　REA 模型方法的扩展研究 ……………… 49

表 4 - 1　与资源"存货"有关的控制规则及其实现机制 ……… 96

表 4 - 2　与内部参与者"采购员"有关的控制规则及其实现机制 ……… 97

表 4 - 3　与外部参与者"供应商"有关的控制规则及其实现机制 ……… 97

表 4 - 4　与事件本身有关的控制规则及其实现机制 ……… 97

表 4 - 5　REACA 本体类别 ……………… 108

表 5 - 1　业务过程 REACA 扩展模型矩阵工作 ………… 126

表 6 - 1　BDYK 采购付款业务过程问题分析 ………… 151

表 6 - 2　业务事件参与者 ……………… 159

表 6 - 3　BDYK 公司采购付款过程矩阵工作 ………… 160

表 6 - 4　REACA 模型中控制概括 ………… 176

表 6 - 5　请购事件 ……………… 179

表 6 - 6　采购事件 ……………… 179

表 6 - 7　验收事件 ……………… 180

表 6 - 8　编制付款单事件 ……………… 180

表 6-9　付款事件 ………………………………………………… 180

表 6-10　采购—存货 ……………………………………………… 180

表 6-11　事件表及其辅表 ………………………………………… 181

表 6-12　资源表 …………………………………………………… 181

表 6-13　参与者表 ………………………………………………… 182

表 6-14　采购付款业务过程风险 ………………………………… 182

表 6-15　REACA 模型控制与风险对照 ………………………… 186

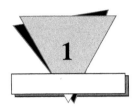

绪　论

1.1 研究背景

随着知识经济的不断兴起和经济全球化的不断发展，人类已经进入一个全新的经济时代。更为先进的工厂技术手段不仅大大加快信息处理和信息传递的速度，而且使会计信息超越国界在全球范围内的实时生成、传递和共享成为现实。人们对会计信息的需求范围不断扩大、需求质量进一步提高、需求时间进一步缩短，正是这些需求促使会计信息系统必须进一步完善和发展。

社会经济的发展必然强化人们对信息的需求，而信息需求的扩张必然会推动会计信息系统的不断进步。但是从目前来看，会计信息系统的发展滞后于社会经济发展的速度。换句话说，会计信息系统的发展并没有赶上人们对信息需求在范围上、质量上和速度上的扩张步伐，表现为会计信息系统不能满足人们日益增长的信息需求。面对新的信息需求，会计信息处理的集成化、社会化和自动化是时代赋予会计信息系统（AIS，accounting information system）的新要求。

会计信息系统开发过程中，许多关键步骤与计算机编程并无很大关联。而且从软件危机的根源以及软件工程的生产来看，信息系统质量的高低往往更多取决于系统需求分析所建立逻辑模型的好坏。在软件工程学中，逻辑模型指的是用逻辑语言表示出来的业务状况以及业务分析视角的需求模型。它反映系统要做什么和能做什么，逻辑模型的最终表示描述了研究对象的空间定义域及其边界。因此可以认为，如何建立与不断扩大的会计信息需求相适应的逻辑模型，是现代会计信息化面临的核心问题之一。

本书研究的 REACA（resource，event，agent，control，audit）①扩展模型正是基于满足上述新信息需求而建立的逻辑模型，它是在原 REA（resource，event，agent）模型②的基础上扩展了 C 和 A 两个要素，形成由资源、事件、参与者、控制和审计五要素组成的逻辑建模模型。

REA 模型由麦卡锡教授于 1982 年提出，其含义是从资源、事件、参与者

---

① 详见本书 1.3 部分。
② 详见本书 1.3 部分。

三个实体以及实体之间的关系对会计信息系统进行建模。REA 模型产生后，经过国内外广大学者、研究机构的扩展和研究，取得了一定的发展。我国很多学者甚至把它称作传统会计信息系统和现代会计信息系统的"分水岭"。由于在 REA 语义模型方面的杰出贡献，1996 年麦卡锡教授被美国会计协会授予原创贡献奖。一方面很多专家对 REA 模型给予高度评价，但另一方面，REA 模型确实没有完全实现，正是在这样的环境下，对 REA 模型进行进一步研究有更为深远的意义和价值。

本书从会计信息系统逻辑建模的角度出发，探讨一种可以满足多视角需求的集成化、社会化和自动化的 AIS 逻辑建模方法。

1.2　研究对象

本书研究的 REACA 扩展模型是一种对逻辑建模技术的探索，是一种强调将控制和审计蕴含于软件生命周期全过程的集成化系统开发模式，它的核心理念是在 REA 模型的基础上，将控制和审计过程与业务事件过程有机整合。根据能查阅到的资料显示，鲜有学者在该方面进行全面系统地研究。基于逻辑建模在系统分析和设计以及整个系统实施中的重要地位，本书研究的范围重点放在基于 REACA 模型的 AIS 逻辑建模理论、方法与实践探索上。

1.3　REACA 扩展模型的提出

1.3.1　传统 AIS 逻辑建模思想辨析

（1）传统逻辑建模思想

会计信息系统是一种基于会计管理活动，由人、信息处理设备和运行规程三个元素组成的集成化人机交互系统。[①]

目前对于会计信息系统发展阶段的划分尚未有一个明确的标准。杨周南和李捷从信息系统需求目标的视角出发，将其分为面向事务处理、面向系统

---

① 杨周南，王海林，吴沁红. 会计信息系统：面向财务业务一体化［M］. 北京：电子工业出版社，2009.

和面向决策三个阶段。① 人们对会计信息需求的不断扩大，推动了 AIS 逻辑建模思想从最初的面向个别会计业务应用、面向财务部门的综合管理需要，逐步发展成为面向企业整体以及面向价值链企业间的整体业务管理和决策需求。在这一过程中，AIS 逐步实现了电子数据处理在部门级、企业级和价值链级的信息共享与集成。可以说，正是信息技术的发展和信息需求的不断扩大，推动了 AIS 的发展。

但这一发展过程并没有根本改变基于对传统手工系统模拟的 AIS 逻辑建模思想本质，即基于输出视角的逻辑建模方法，本书也将其称为传统逻辑建模思想。传统逻辑建模思想的出发点是针对财务会计和管理会计各种报表的研究，其思路是以电子计算机技术和数据库技术为支撑，以输出视图作为系统需求分析和逻辑设计的出发点。人们在管理活动中需要从多少个角度看问题，并记录和报告业务活动，也即会有多少个对应的视图。在基于输出视角的建模方法下，系统设计者针对信息客户需求的多样性，为各种视图分别建立一套信息系统，每个信息系统有各自的分类方法，它们从同一业务事件中各自选择、记录该业务数据的一个子集，会计信息系统是其众多子集之一。

（2）传统逻辑建模思想的局限

这种基于输出视角的逻辑建模思想导致传统会计信息系统具有如下局限。

第一，传统会计信息系统的流程基本上还是按照手工会计处理流程设计，即根据原始凭证编制记账凭证并输入系统中，凭证经过审核后，据以自动记账、结账、生成会计报表等。虽然计算机的高速运算和巨大的数据存储能力在一定程度上缓解了会计人员的工作压力，但会计流程并未突破手工会计核算方式的框架，以此为基础建立的电算化会计信息系统仅仅是手工会计业务流程的高度仿真，会计人员在计算机软件功能的指导下按照原有的旧模式进行运作，并未改变传统会计业务流程的本质。

第二，传统会计信息系统可以支持特定职能部门的管理工作，但不能为跨越多个职能部门的业务过程提供整体视图。同一业务事件相关的数据分别保存于会计人员和非会计人员手中，形成信息孤岛，导致存储数据不一致、

---

① 李捷，杨周南．如何建立现代会计信息系统［J］．会计研究，2004（10）．

信息隔阂以及组织中信息重复存储等现象发生，弱化了会计信息支持决策的功能。

第三，传统会计信息系统只采集了经济活动的部分信息。为了弥补这一缺陷，并为投资者提供决策需要的更全面的信息，通常采取财务报表附注的形式补充披露其他财务及非财务信息。然而，财务报表附注的增加，在提高披露充分性的同时，也提高了阅读和理解的复杂性，还加大了使用者从中获取有用信息的难度。

第四，在对会计信息系统数据源的选择上，存在会计人员的主观估计和判断。不同的会计政策和会计估计的选用，对最终产生的会计信息具有重大影响。

1.3.2 REA 逻辑建模思想的提出

在当前多变的经济环境、复杂的会计事项和迅速扩张的会计信息需求下，传统会计信息系统逻辑模型逐渐显露出缺乏针对性、灵活性和务实性的局限，引发业界对传统会计信息系统的质疑。也正是在此背景下，基于 REA 模型的逻辑建模方法得到了人们的广泛关注。

REA 模型由美国密歇根州立大学会计系教授麦卡锡（1982）提出，此模型是一种以业务事件为系统分析和设计中心的业务过程建模方法。

1982 年 7 月，麦卡锡在《会计评论》上发表了题为《REA 模型：共享数据环境中会计系统的一般框架》① 的论文，被认为是现代会计信息系统开始的标志。麦卡锡强调，如果要使会计成为企业整个数据系统的一个组成部分，而并非一个独立的、非集成的信息系统，那么就必须改变原有视角。他认为从建模和数据库设计阶段数据整合的视角来看，会计事项应当具有与非会计事项的决策应用相兼容的特征。他提出的 REA 模型就具备这样的特征。麦卡锡建议把 REA 模型作为企业层面数据库设计的起点，并可以根据特定企业信息需求对模型进行必要的修改。

采用 REA 模型进行会计信息系统逻辑建模的基本思想是：把企业一切业务活动（财务的与非财务的）按照业务过程和该过程中涉及的资源、事件以

---

① The REA Accounting Model: A Generalized Framework for Accounting Systems in a Shared Data Environment.

及参与者进行划分，按其原本的实际语义而不是人为的借贷分录进行存储，从而建立会计信息系统的业务过程模型。REA 模型并非一家之言，在麦卡锡教授提出 REA 模型的同时，其他学者如马蒂西克（Mattessich）[①] 和井尻雄士（Ijiri）[②] 的研究也得到相似的结论。这一点从麦卡锡著作中对 REA 模型术语的定义和选择也可看出麦卡锡的 REA 模型术语均体现了马蒂西克和井尻雄士的观点。

麦卡锡的 REA 模型提出后，我国理论界多数学者甚至将其作为"新旧"会计信息系统的"分水岭"，将基于 DCA（debit credit accounting）的会计信息系统作为传统会计信息系统，基于 REA 模型的作为现代会计信息系统。[③][④]

1.3.3 REACA 模型的提出

（1）信息化环境对会计信息系统提出了新的要求

目前理论界对信息化环境的内涵和外延尚无统一看法，因此对信息化环境包括哪些具体内容也没有一致认识。单从技术角度而言，本书作如此表述：能够为信息系统整合提供技术服务，并考虑将来发展趋势的信息化环境（包括信息处理、传输、存储全过程中涉及的所有技术，包括计算机软硬件技术、通信网络技术和数据库管理技术）。

在信息化环境下，由于业务流、信息流与控制流不断整合，信息系统在企业内部控制中的作用日趋凸显。会计信息系统作为企业整体信息系统的有机组成部分，不再是运行在业务过程之上的"事后反映与监督"的财务报表系统，而是运行在网络平台上的会计业务一体化的"实时"会计控制系统。

在信息化环境下，业务活动在网络平台上展开，由信息系统实现的自动

① 马蒂西克是对 20 世纪 70 年代会计现象最佳的抽象描述者。他的公理化会计（axiomatization of accounting）思想创建了经济参与者、经济目标、二元性等概念内涵。虽然 REA 中的原始概念并不与马蒂西克的定义确切匹配，但是在整体的思想上是一致的。最显著的区别在于两者对二元性（duality）的解释，马蒂西克侧重于复式记账的分类方面。

② 井尻雄士在会计计量方面的贡献明显地体现于麦卡锡以及后来海尔茨（Geerts）和麦卡锡所使用的 REA 术语中。井尻雄士的因果复式记账法和分类复式记账法的差异促使 REA 模型中二元关系（duality）的提出。同时，他的因果网络也预示着 REA 过程将会与价值链相连接。井尻雄士强调交易中涉及资源增加方面和减少方面之间的平衡，而在 REA 会计系统中一个显著的推论是，在一个正常的交易中，资源价值上的增加预期会超过资源价值的减少。

③ 胡玉明. 作业成本计算法与企业资源计划系统的设计 [J]. 财会月刊，2002（2）.

④ 张永雄. 基于事项法的会计信息系统构建研究 [J]. 会计研究，2005（10）.

化业务控制和信息控制成为内部控制的主要方式，控制嵌入式系统成为会计信息系统的发展趋势。

杨周南在《论会计管理信息化的 ISCA 模型》①一文中曾指出，在建立事件驱动模式的会计信息系统时，随着企业业务流程自动化程度的提高，对业务活动的传统控制活动被逐渐嵌入计算机程序中，传统的业务控制已转变为信息系统的一种自动控制。因此，在实施信息化的过程中，如何将控制过程嵌入业务流和信息流中是十分重要的。

庄明来指出，我国会计软件开发的长期实践表明，只有建立一个涵盖从严格的组织体系到完整的面向流程结构的严密的控制系统，才能最大限度地保证会计信息可靠性，从而进一步保证会计信息的相关性。面向输出视角的会计信息系统存在"重账表生成结果、轻嵌入控制检测"的弊端，致使我国多数的会计系统难以有效地记录、识别和防范相关的风险，因此控制嵌入式系统是会计信息系统发展的方向。②

由于企业传统的控制活动被逐渐嵌入会计信息系统，与此同时必须考虑在信息系统中为审查与评价内部控制建设情况，以及为提出审计建议的审计活动预留相应的审计线索，这样才能确保信息系统安全、可靠、高效地运行。审计线索的嵌入，也有助于发现信息系统本身以及控制环节存在的不足，以便及时改进系统，使其充分发挥在经营管理活动中的作用。

(2) REACA 模型思想的产生

相对于基于输出视角的逻辑建模思路，REA 模型具有一定的理论优越性，这也是 REA 模型受到高度评价的原因之一，具体表现为：第一，基于 REA 模型的会计信息系统扩大采集的会计事项范围，脱离财务报表要素的制约，所有影响决策的业务事件都可以进入系统；第二，新的会计信息系统可存储最基本的历史记录，支持用户从多种不同的角度对信息进行自由提取、分类和处理；第三，新的会计信息系统能够实现业务数据和财务数据的集成，在业务事件发生时采集业务数据和财务数据，完成信息数据一次性输入和集中存储，各职能部门根据权限从同一个数据仓库中提取数据。当某业务事件属于会计事项时，该业务事件的有关信息就由事件驱动模式自动传送至会计部门，

---

① 杨周南. 论会计管理信息化的 ISCA 模型 [J]. 会计研究, 2003 (10).

② 庄明来, 蒋楠. 论我国会计系统标准化流程的构建 [J]. 中国管理信息化, 2008 (11).

随后会计人员生成传统的会计凭证。由于会计数据与业务数据来自同一数据源，自然可以保证会计数据的完整性和一致性。

然而，REA 模型在实务中并未得到完全应用，通过大量文献的整理与分析，发现制约 REA 模型应用发展的原因可能有两点。

其一，技术瓶颈的制约。REA 模型的应用对系统的集成化要求较高，因而需要大容量的存储设备和快速数据处理能力，这些软硬件环境在 REA 模型提出初期并不成熟。对此，麦卡锡教授也曾指出，只有信息技术发展提供更廉价的存储设备、更快速的信息处理能力时，基于 REA 模型的应用才能成为现实。

其二，REA 模型本身存在一定局限。REA 模型提出后的十几年里，REA 模型在理论研究、实践研究和教学方面得以不断深入应用和发展。但是，REA 模型研究的重点始终是基于资源、事件和参与者进行业务过程建模，其后的一些扩展研究也多是从 REA 模型的结构和实例等方面进行探讨。虽然 REA 模型中的事件处理规则和其他程序化的业务逻辑能够在一定程度上帮助组织核查错误并发现或防止舞弊行为，但这远远不能适应信息化环境下企业内部控制特殊性和控制重点变化的要求，因而无法达到内部控制的目标，这是制约 REA 模型在实务中全面应用发展的重要原因。

REACA 扩展模型正是在上述背景下提出的一种基于 REA 模型的会计信息系统建模方法，通过将控制（control）和审计（audit）两个要素融入 REA 模型，在系统逻辑建模阶段建立包含控制和审计线索的业务过程模型，不但能发挥 REA 模型在满足多维输出视图需求方面的优势，而且还能辅助会计信息系统整合业务活动、控制活动和审计活动，实现业务流、控制流和审计流的集成。

在 REACA 模型中，REA 同 C 和 A 之间不是简单的叠加关系，而是在工程学的理论框架下有机结合成为一个完整体系，共同指导会计信息系统的开发实践过程。其中，REACA 模型的控制要素主要包括业务活动控制和信息系统控制。业务活动控制是为了达到营运的高效率性、财务报告的可靠性和相关法令的遵循性等目标而采取的控制措施。信息系统控制是为了达到会计信息系统的有效性、高效性、机密性、完整性、可用性、符合性和信息可靠性目标而采取的控制措施。

通过将业务活动控制嵌入会计信息系统中，可以实现业务控制由计算机自动执行。通过 REACA 逻辑建模，可以让业务活动控制贯穿于整个企业内部各职能部门。业务控制活动主要包括预防性控制、检查性控制和纠正性控制三类活动。在业务过程建模中，对以上三类业务控制活动建模能够在一定程度上提高业务信息的安全性、准确性及业务效率。

AIS 的广泛应用实现了手动业务的自动化处理，但在提高工作效率的同时，也带来与手工环境不同来源、不同性质的风险，从而对企业内部控制造成多重影响。除了传统意义上的经营风险、控制风险和财务风险等之外，与信息系统的安全性、可靠性相关的信息和信息系统风险日益增长。很多企业在会计信息系统建设过程中常常忽视对信息系统内部控制的建设，这很容易导致会计信息损毁、失窃和失真，以及非法访问、未经授权拷贝、黑客和病毒入侵等违规现象发生，会使会计信息系统受到严重损害。因此本书认为在会计信息系统建模过程中，应考虑对控制要素的建模，也就是从需求分析阶段开始就要重视会计信息系统的控制建模。

REACA 模型中加入审计要素的目标是确保和审查控制要素有效执行，包括对业务控制活动审计线索的预留和对信息系统控制的审计。通过对审计要素建模，可以有效保证内部控制机制的执行，并审查其是否能够达到对会计信息系统安全、可靠、有效和高效的应用。同时在对审计要素的建模过程中还可以发现控制要素建模的不足，以便及时改进与完善，促使会计信息系统逻辑模型达到预期的目标。

1.4　研究思路与方法

1.4.1　研究思路

对一项新事物的认识，首先要了解它的基本情况，然后在基于相关理论与方法的基础上，与同类事物对比研究，最后对该事物的发展和成本效益等进行全面分析。本书针对 REACA 扩展模型进行研究：首先，梳理概括 REA 模型从起源到发展的背景和现有的研究成果；其次，在分析相关理论与方法的基础上，阐述 REA 模型的概念框架；再次，提出信息化环境下的 REACA 模型，并对 REACA 模型的可行性进行全面的分析，论述 REACA 模型的架构、要素以及该模型的建模方法；最后，利用 REACA 模型的相关理论对会计信息系统的改进进行实例探讨，并创建 REACA 模型的应用实例。

1.4.2 章节架构

本书共 7 章，可分为四个部分，如图 1-1 所示。

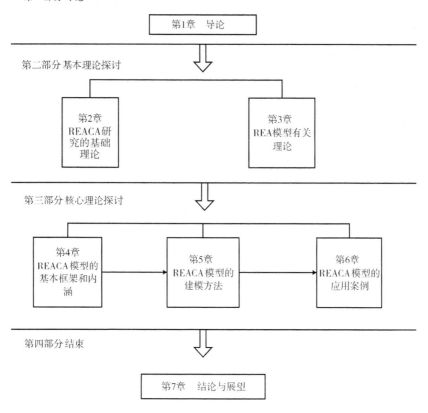

图 1-1 章节架构

第 1 章为第一部分，属于导论部分。该部分主要阐述研究背景、研究目的、研究意义、研究方法和本书的框架结构，对相关文献进行梳理、归纳、总结和评述，并对本书的研究思路、研究方法和结构安排进行详细说明，为信息化环境下基于控制和审计视角的 REA 模型的研究奠定基础。

第 2 章和第 3 章为第二部分，属于研究基础和起点。其中，在第 2 章介绍本书的理论基石，包括软件工程学、数据库理论、内控工程和 ISCA 模型理论，该章节是本书展开研究的理论基础。第 3 章对 REACA 模型的原型——REA 模型进行详细描述，在此章中详细回顾 REA 模型的概念、内涵、特点及其发展。该章节是本书研究的起点。

第 4 章、第 5 章和第 6 章为第三部分，属于本研究的核心内容，也是本书的主要创新点所在。其中，第 4 章为第 5 章的 REACA 逻辑建模方法学研究奠定理论基础，并为第 6 章 REACA 逻辑建模的案例研究提供理论依据。第 5 章的方法学是第 6 章案例的直接技术指导。具体来看，第 4 章介绍 REACA 模型的基本理论，具体阐述 REACA 模型的含义、架构、特点，以及信息化环境下对 REA 模型进行扩展的可行性，还阐述模型中控制和审计要素的具体含义和结构。第 5 章介绍 REACA 模型的建模规范研究，具体阐述采用 REACA 模型进行逻辑建模的规则、建模的步骤与方法，以及基于 REACA 模型对业务过程进行逻辑建模时对业务过程进行分析的方法。第 6 章是 REACA 模型的逻辑建模应用研究。本书研究的模型是基于 REA 模型的扩展，是一个全新的研究课题，期望借助具体的应用实例详细说明 REACA 模型的构建方法、步骤与结果，并能阐明该模型的扩展思想，使理论与实务有效嫁接。

第 7 章为第四部分，属于结论篇。总结本书的研究内容，阐述本研究的理论价值和实践意义，指出本研究的缺陷和不足，并对未来研究提出了展望。

1.4.3 研究方法

本书在研究过程中采用下述方法。

（1）系统分析法

20 世纪，系统论、控制论、信息论等学科的迅猛发展，为发展综合思维方式提供了有力手段，使科学研究方法不断完善。而以系统论方法、控制论方法和信息论方法为代表的系统科学方法，又成为人类认识科学强有力的助手。系统科学方法突破传统方法的局限，深刻改变了原科学方法论体系。这些新的方法，既可以作为经验方法，用以获得感性材料，又可以作为理论方法，用以分析感性材料后将其上升至理性认识，而且后者的作用比前者更加显著。它们适用于科学认识的各个阶段，因此被称为系统科学方法。

在本书的写作过程中，作者处处贯穿了系统科学分析方法。全书作为一个整体可以看作一个系统，本书的每一部分都是该系统的一个子系统，并在每一个子系统中运用系统分析法将其分为若干研究要素，全面分析 REACA 模型的方法学体系，使相关内容自成体系，同时又整合在一个更大的体系当中。

（2）交叉研究法

交叉研究法是指运用多学科的理论、方法和成果，从整体上对某一课题进行综合研究的方法。科学发展运动的规律表明，科学在高度分化中又高度综合，形成一个统一的整体。据有关专家统计，现在世界上有两千多个学科，而学科分化的趋势还在加剧，但同时各学科间的联系越来越紧密，在语言、方法和某些概念方面，有日趋统一之势。

会计信息化本身就是信息技术和会计学的交叉学科，因此，本书进一步将信息技术中的软件工程技术、数据库技术同会计领域中的财务数据、内部控制的概念与研究方法紧密联系起来，统一于基于 REACA 模型进行信息系统分析与设计的生命周期过程中。

（3）理论研究和案例研究相结合的方法

本书从 REA 模型的基础上扩展出 REACA 模型，是对原有模型的一种全新探索，鉴于 REACA 模型的许多问题的答案尚不明确，本书主要采用规范描述的方法，具体研究 REACA 模型的基本理论和应用理论。同时为提高本书的可理解性，书中亦采用案例研究的方法，以此验证 REACA 模型的理论、应用方法和实际效果，以及 REACA 模型在建立会计信息系统逻辑模型中的适用性和有效性。

1.5　研究意义

在信息技术如火如荼的时代背景下，信息技术对现代经济生活产生深远的影响，会计理论和实践面临全新变革的考验，这也正在大力推进会计信息化发展，在这样的背景下，探讨会计信息系统逻辑建模的新思路，对会计信息系统的理论发展和会计信息系统的开发实践具有重要指导意义。与此同时，REACA 模型还提出在信息化环境下会计信息系统业务流程和业务管理相结合，控制流程和审计流程相结合的解决方案，这不仅有利于扩大 REA 模型自身研究领域，也对完善信息化环境下内部控制工程理论与方法学体系具有重要价值。

1.5.1　在方法学方面的研究意义

（1）丰富逻辑建模方法学的理论研究

从软件工程的角度，REACA 模型的研究扩展了逻辑建模的方法，丰富了逻辑建模的理论研究。以前的逻辑建模方法主要是基于单功能输出视角的建模思路，以功能和输出视图为基础分析系统的数据结构和业务流程。REACA 模型是以集成为基础，基于多功能、多视角、多输出的思路进行系统分析。通过 REACA 模型建模可以实现多视角随机组合的随机视图，以满足不同部门的查询需求，甚至对于跨部门的综合查询和分析也可以很好地支持。

（2）丰富 REA 模型扩展研究的领域

REA 模型提出后，在学术界、实务界和教育界都备受关注。REA 模型的倡导者曾指出，当科技进步所带来的诸如更加快捷的处理能力、更低成本的存储以及将语义嵌入信息系统基本结构中的思想被大家广泛接受的时候，基于 REA 模型的应用将成为一个现实目标。[①] 而今，随着数据库和网络技术的迅速发展，人们所希望的应用环境正逐步形成。据此，许多学者对 REA 模型进行了扩展研究[②]，如通过在 REA 模型基础上加入记录发生地的"地点"（location）要素，可以建立从结构层面扩展的 REAL 模型。[③]

基于组织对运用信息技术加强控制以建立与经营管理适宜的会计信息系统的迫切需求，REACA 模型在 REA 模型的基础上嵌入控制和审计两个要素，进一步提高基于事件驱动的现代会计信息系统的逻辑模型建模水平，为 REA 模型的发展注入新的活力，从而拓展 REA 模型的研究领域。

1.5.2 在指导实践方面的研究意义

（1）在 ERP 环境下指导业务系统与会计系统集成的逻辑建模

ERP（企业资源计划，enterprise resource planning）是 20 世纪 90 年代中期由美国著名的计算机技术咨询和评估集团加特纳提出的一整套企业管理系统体系。它综合应用了数据库技术、图形用户界面技术及网络通信技术，是在 MRPII 基础上进一步发展而成的综合管理软件。在 ERP 环境下，其重要理念就是整合企业管理流程、业务流程、基础数据、计算机软硬件技术等，实现跨部门、跨地区、跨公司实时信息的整合。

---

① Semantic Modeling in Accounting Education, Practice and Research: Some Progress and Impediments.

② 详见第 4 章。

③ Reengineering and REAL business process modeling.

REACA 模型正是从集成角度来完成需求分析的逻辑建模技术，强调会计信息与业务信息的集成，非常符合 ERP 软件的建设理念。因此，REACA 模型能够有效地在业务系统与会计系统集成的 ERP 环境下进行逻辑建模。

（2） REACA 模型是 ISCA 模型的一种有效实践

ISCA （information system，control and auditing） 模型是杨周南教授（2003） 根据当时我国信息化状况及未来可能的实践状况，为会计信息化建设工作提供的一个明确、可行的框架性工作指南。它具体包括三个方面：一是建立和实施现代信息技术或计算机技术环境下的会计信息系统；二是建立有效、健全的信息系统内部控制制度；三是对信息系统和信息系统内部控制制度进行审计。三者的有机结合构成了 AIS 的 ISCA 模型。其中，杨教授对模型中的核心要素——会计信息系统，提出了明确的构建理念：在建立会计信息系统时必须考虑、研究和设计内部控制过程的嵌入，内部控制机制的研发是建立会计信息系统的一个重要内容。①

REACA 模型提出针对 ISCA 模型的一种可行的逻辑建模解决方案。通过运用 REACA 模型建模，可以得到满足上述三个方面要求的会计信息系统的逻辑模型，在实践层面可支持 ISCA 模型这一会计信息化指导性理论框架，为 ISCA 模型应用体系的构建开辟了道路。

（3） REACA 模型是内部控制工程学的有效实践

内部控制工程学②是在设计和实施内部控制系统时为了实现降低成本、提高经济效益、减少风险等既定目标所运用的运筹学、管理学、经济学、工程学等一系列技术方法的总称。它的重点是解决内部控制理论与实践相互转化过程中所面临的实施、评价、反馈等问题，以及由此带来的相关技术、管理、风险方面的问题。

REACA 模型是运用内部控制工程学指导实践的一次尝试，它运用内部控制工程学所提出的模型、方法、工具和管理过程，规范并实现了将控制活动和审计活动嵌入 REA 模型的过程，并运用相关技术解决实施中遇到的问题。REACA 模型的建立和实现，证明内部控制工程学在内部控制系统从理论到实践的转化过程中确实具有指导价值。

---

① 杨周南. 论会计管理信息化的 ISCA 模型［J］. 会计研究，2003（10）.
② 杨周南，吴鑫. 内部控制工程学研究［J］. 会计研究，2007（03）.

1.6 研究创新与不足

1.6.1 本书研究的创新点

本书研究的创新点如下。

(1) 提出 REACA 模型

本书提出的 REACA 模型是基于控制和审计整合的 REA 扩展模型。本书认为 REA 模型的局限性在于没有包涵风险控制的思想，因此在 REA 模型三要素的基础上增加了控制和审计两个基本要素，并详细阐述 REACA 扩展模型的必要性和可行性，构建了 REACA 扩展模型的基本理论。

在理论研究方面，REACA 扩展模型从"范围维"和"时间维"两个维度体现了风险控制的思想。其中，"范围维"是指 REACA 模型针对风险的控制和审计不仅包括对于业务风险的控制与审计，而且包括对信息和信息系统风险的控制与审计。也就是说，模型中控制要素的含义不仅包括业务活动控制，还包括信息系统控制，同时为了保证控制要素的有效执行，还增加了对审计要素的建模。因此在 REACA 模型中需要明确控制要素和审计要素的逻辑概念，全面考虑信息化环境的风险，进而扩展模型中控制的范围。"时间维"是指 REACA 扩展模型在系统分析、系统设计、系统测试和系统实施的整个时间跨度上体现对业务风险和信息处理风险的控制和审计。REACA 模型强调控制要素和审计要素在需求分析阶段就应集成到逻辑建模中，从而在系统开发的整个时间跨度上体现对业务风险、信息处理风险和信息系统风险的控制与审计。REACA 扩展模型的提出和基本理论的研究是本书的创新点之一。

在方法学研究方面，本书提出 REACA 扩展模型并研究基于该模型逻辑建模的基本理论和方法。本书在提出 REACA 模型后，对 REACA 模型的可行性进行全面的分析，论述了 REACA 模型的架构和要素，以及该模型的建模方法，并利用 REACA 模型的相关理论对会计信息系统的改进进行实例探讨。对 REACA 扩展模型的应用，将提高会计信息系统的实时监控能力，从而提高会计信息质量，保障组织目标的顺利实现。REACA 模型的方法学与案例研究对于采用 REACA 模型构建 AIS 逻辑模型具有现实指导意义。REACA 扩展模型的方法学研究是本书的另一个创新点。

（2）提出 OO－ER（对象—实体关系）的逻辑模型描述方法

针对当前控制嵌入型信息系统发展中面临的描述难题，本书结合面向对象方法的先进性，以及 REACA 扩展模型与 ER 方法的适用性，提出采用OO－ER（对象—实体关系）描述方法，基于面向对象思想来构建基于 REACA 扩展模型的 AIS 技术思路，丰富了 AIS 逻辑建模的建立和描述方法。

本书借鉴了面向对象的思想方法，以事件为中心，以资源和参与者等静态特征为属性，以控制和审计为动态特征，综合描述业务事件的信息。借鉴面向对象中封装的思想，REACA 模型研究的目标是针对每一事件，规范地分析其资源、事件、参与者、控制和审计要素，试图寻找企业业务过程中典型业务事件的一般属性和操作。OO－ER 的逻辑模型描述方法的采用，是本书的又一个创新点。

（3）提出建立 REACA 逻辑模型支撑平台的理念

本书提出在 REACA 逻辑建模阶段，考虑借鉴 Power Desinger 建模数据库管理思想，构建 REACA 逻辑建模管理平台的理念。REACA 逻辑建模管理平台不仅能对 REACA 模型的各种要素进行数据库管理，而且还能支撑 REACA 模型向基于具体数据库管理系统的物理模型的转换，以及由物理模型向物理数据库的自动转换，能输出逻辑建模阶段、物理建模阶段的相关文档，并能创建物理数据库的 SQL 语句文档。

1.6.2 本书研究的不足

首先，本书中的研究对象——信息化环境下的 REACA 扩展模型，是一个边缘性、庞杂的主题，虽然本书努力避免在论述上蜻蜓点水，但由于该主题涉及理论范围广，因此对一些问题的研究和论述仍然不够深入和细致。

其次，本书虽然提出了采用 OO－ER 方法对 REACA 扩展模型进行描述，但并没有对其进行深入挖掘。

最后，本书仅提出一种支撑 REACA 逻辑建模的管理平台的理念，但并没有实现该平台的建设。

2

REACA 扩展模型的理论基础

REACA 模型是基于控制和审计整合视角的会计信息系统分析模型，它的研究以系统论、信息论和控制论为基石，在此基础上内部控制概念、软件工程理论是本研究的具体理论指导。为此，本章首先阐述控制论、系统论和信息论的基本理论，以及它们对本书研究的重要贡献。其次，对内部控制概念的产生与发展进行回顾，并简述软件工程的基本理论，它们是基于 REACA 模型的会计信息系统逻辑模型的技术方法指导。再次，阐述 ISCA 模型的基本内涵，它是 REACA 模型的直接思想渊源。最后，对本体论做简要概述，它是当今世界 REA 模型组织对 REA 模型研究的重要理论角度，也是 REACA 模型研究的发展方向。

2.1　系统论、信息论和控制论

2.1.1　系统论、信息论和控制论的基本观点

　　系统论、信息论、控制论合称"老三论"，它们共同构成信息社会诸多领域理论研究的基石。

　　系统论由美籍奥地利生物学家贝塔朗菲首创，系统论的主要观点是把事物作为一个系统或整体来研究，而系统是由相互作用的若干组成部分结合并具有特定功能的有机整体。一个系统包含若干子系统，而该系统本身又是它所从属的另一个更大系统的子系统。系统论的基本思想方法是把研究的对象作为一个系统，研究该系统的结构和功能特征，包括系统内部各子系统之间、子系统与系统整体之间，以及系统整体与外部环境之间相互依存、影响和制约的关系，以使系统整体最优。

　　信息论的创始人是美国贝尔电话研究所的数学家申农，申农 1948 年发表的《通信的数学理论》一文被认为是信息论诞生的标志。信息论最初用于解决通信中的编码问题、信息含量的度量问题，以及噪声的处理问题等。人类社会进入信息社会后，信息在物质世界中的作用日趋重要，信息论也突破原有的研究界限，广泛渗透于各个研究领域，成为研究各种系统中信息识别、传递、处理、存储、提取等技术的一门基础科学。

　　控制论诞生的标志是维纳《控制论：或关于在动物和机器中控制和通讯的科学》（1948）一书的出版。控制论的主要观点是根据不可控变量的历史信

息适当调节可控变量的状态，以使可控变量和不可控变量整体达到要求的最有利状态。控制论的基本思想方法是研究系统的状态、功能、行为方式及变动趋势，以揭示不同系统的共同控制规律，使系统按照既定目标运行。

2.1.2 从"三论"认识 REACA 模型

REACA 模型是信息化环境下，业务过程同控制和审计过程整合的信息系统逻辑建模模型。

在系统论的理论指导下，REACA 扩展模型本身的研究可以看作是一个系统，在该系统内又包括模型内容、结构、功能、方法等若干子系统的研究，各系统之间是一个有机结合的整体，目标是为了更好地反映和管理企业业务活动过程的全貌，使系统达到最优的效益。

在信息论的理论指导下，对企业业务活动进行理解、概括、分析、抽象和描述，分析信息的识别、传递、处理、存储、提取以及信息的反馈和控制等，并建立基于 REACA 的会计信息系统逻辑模型。

在控制论的理论指导下，REACA 构建模型中的控制与审计要素。控制（C）要素是为了准确、恰当、及时地反映并管理业务活动，对业务活动及其信息处理进行干预、纠正，使业务活动不断克服不确定性，实现业务过程目标的动态过程；审计（A）要素构成了信息系统的反馈通道，对控制系统的运行效果和质量进行检查、评价、督促和改进。

系统论、信息论和控制论的指导作用并非泾渭分明，而是彼此交融，共同构成 REACA 模型研究的理论基石。

2.2 软件工程和内部控制理论

2.2.1 软件工程的基本理论

（1）软件工程理论的目标

软件工程是为了应对软件危机产生并发展起来的一种信息技术应用理论。

自 1968 年德国计算机科学家鲍尔（Bauer）在第一届北大西洋公约组织软件工程大会上首次提出"软件危机"（software crisis）这个名词，从此软件危机就成为软件界甚至整个计算机界热门的话题之一。概括来说，软件危机是指由于落后的软件生产方式无法满足迅速增长的计算机软件需求，从而致使软件开发与维护过程中出现一系列严重问题的现象。几乎所有软件都不同程度地存在软件危机问题，具体表现为软件开发过程失控、开发进度与成本难以预测、软件产品的质量难以保证、软件产品难以维护，等等。

究其原因，软件危机的产生一方面源于软件本身的特点，如软件的不可见性、复杂性等；另一方面则源于软件开发、维护方面错误的认识和做法。在软件开发的初期，人们往往把软件看作是计算机程序和数据的组合，认为软件开发就是编制程序，忽略了软件开发中的需求分析以及融入管理思想的重要性。

从软件危机的表现形式和成因可以看出，摆脱软件危机并非易事，不但要具备技术保障，而且必须具有必要的组织管理措施。经过不断地实践和总结，计算机和软件科学家发现将工程领域中行之有效的工程学知识引入软件开发工作中，按照工程化的原则和方法指导计算机软件开发和维护是解决软件危机的主要途径，由此软件工程学应运而生。

软件工程是采用工程学的概念、原理、技术和方法，把经过时间考验而证明合理的技术实现手段和管理监控措施紧密结合起来，用于指导软件开发和维护的一门工程学理论。软件工程学主要研究软件生产的客观规律性，建立与系统化软件生产有关的概念、原则、方法、技术和工具，指导和支持软件系统的生产活动，以期达到降低软件生产成本、改进软件产品质量、提高软件生产率水平的目标。在软件工程学理论的指导下，许多国家已经建立起较为完备的软件工业化生产体系，形成了强大的软件生产能力，软件标准化与可重用性得到了工业界的高度重视。软件工程学在避免重复劳动、缓解软件危机方面起到重要作用。

软件工程理论是指导计算机软件开发和维护的一门工程学理论，提出软件工程理论的目的是为了解决软件危机，从管理和技术两方面研究如何更好地开发和维护计算机软件，采用工程的概念、原理、技术和方法来开发与维护软件，把经过时间考验而证明正确的管理技术和当前能够得到的最好的技术方法结合起来，以便更加经济地开发高质量的软件，并进行有效维护。

（2）软件工程理论的内容

任何一种信息系统的开发都要遵循以下两个目标：一是提高信息系统生产效率，加快软件开发的速度，提高软件功能，使之适应计算机硬件的发展速度，从而最大限度地发挥和发掘硬件的功能；二是提高计算机信息系统的质量，使之具有较强的生命力①。典型的信息系统开发方法有快速原型法②、结构化方法、面向对象方法等。

①结构化方法。结构化方法，采用结构化技术来完成软件开发的各项任务，并使用适当的软件工具或软件工程环境来支持结构化技术的运用。这种方法学把软件生命周期的全过程一次划分为若干个阶段，然后顺序地完成每个阶段的任务。采用这种方法开发软件时，从对问题抽象逻辑分析开始，分阶段进行。前一个阶段任务的完成是下一个阶段开始进行工作的前提和基础，而后一个阶段任务的完成通常使前一阶段提出的解法更进一步具体化，推进更多细节的实现。

软件生命周期由软件定义、软件开发和运行维护三个阶段组成，每个阶段又进一步划分成若干个阶段。

软件定义通常包括三个阶段：问题定义、可行性研究和需求分析。软件开发通常包括四个阶段：总体设计、详细设计、编码和单元测试、综合测试。运行维护不再进一步划分阶段，但是每一次维护活动本质上都是一次压缩和简化了的定义和开发过程。

结构化方法的优点在于：从时间进程来看，软件开发的过程是一个从抽象到具体的分层实现过程，而每一个阶段的工作亦体现出自顶向下、逐步求精的结构化技术特点，这样可以实现逻辑设计和物理设计的分开，尽可能推迟程序的物理实现，从而大大提高系统的正确性、可靠性和可维护性。

② 面向对象的方法。面向对象的技术可以认为是面向过程技术和面向数据技术相结合的产物。该方法以数据和过程封装为对象，而每一个对象是由数据和能够使用、修改这些数据的过程组成的。

面向对象的逻辑建模方法是一种针对真实世界的抽象思维方式进行逻辑建模的方法，它可避免传统开发方法进行功能分解时只能单独反映管理功能的结构状态，它从对象的角度来认识事物，进而为开发系统提供新的视角。

面向对象方法包括面向对象分析、面向对象设计和面向对象程序设计，分别应用于系统分析、系统设计和系统实施三个阶段，亦分别构成系统逻辑

---

① 杨琦，房桃峻. 会计信息系统原理与应用［M］. 厦门：厦门大学出版社，2006.
② 快速原型法（rapid prototyping）是近年来提出的一种以计算机为基础的系统开发方法，它首先构造一个功能简单的原型系统，然后通过对原型系统逐步求精，不断扩充完善得到最终的软件系统。

模型、物理模型和计算机可执行程序。

面向对象方法的基本要素包括：对象、类、继承、通信和消息。

对象：对象的描述将状态和行为封装在一起、数据和过程封装在一起。其中，状态是对象的静态特征，由属性描述；行为是对象的动态特征，由操作（也称方法或服务）描述。

类：类是一组具有相同数据结构和操作对象的集合，包括一组数据属性和对数据的一组操作。对象和类是一种由特殊到一般的抽象，对象可以看成是类的一个实例。

继承：继承是使用已存在的定义作为基础，建立新定义的技术，通过继承可以让某个类型对象获得另一个类型对象的特征。继承的概念体现了由一般到特殊的分析思维方法。

通信和消息：对象之间进行通信的机制被称为消息。通过消息驱动实现对象的连接，从而构建对象之间的联系，形成系统的结构和工作流程。

2.2.2　内部控制的基本理论

内部控制起源于对企业定期确认和报告财务状况、经营成果的要求，这一要求是顺应工业革命及其引发的融资需求而产生的。内部控制理论的产生发展经历了一个不断变化的过程，大致可分为三阶段：内部牵制阶段、内部控制产生阶段、内部控制的完善阶段①。

内部控制理论集中体现于内部控制文件中。

（1）内部牵制阶段

随着西方资本主义经济的不断发展，企业组织形态逐渐由原来的业主所有制转变为股份公司制，所有者与经营者分离是公司制的本质特征。为了更好地监督经营者的受托责任履行情况、差错防弊和了解企业的真实财务状况与经营成果，所有者在与经营者长期的博弈中，摸索出一些组织、调节、制约和监督经营活动的方法——内部牵制制度。

内部牵制制度是建立在"两个或两个以上的人或部门，有意识地合伙舞弊的可能性大大低于单独一个人或一个部门舞弊的可能性"这一理论前提下的。以该理论为基础，逐渐形成现在的内部牵制制度，如：会计不能兼任出

---

① 方红星，王宏译．企业风险管理：整体框架［M］．大连：东北财经大学出版社，2005.

纳员，且不得兼管稽核，会计档案保管，收入、费用、债权、债务账目的登记工作，等等，从而形成现代控制雏形。但当时的内部牵制多限于财务人员的职责分工和相互制约，并未形成涵盖企业生产经营各方面的全面牵制。

（2）内部控制产生阶段

20 世纪 40 年代到 70 年代，在内部牵制思想的基础上逐渐产生内部控制概念。这一阶段内部控制概念的发展主要体现如下在三个文件中。

①《内部控制：系统协调的要素及其对管理部门和独立公共会计师的重要性》①。该报告首次正式提出内部控制的定义："内部控制包括组织的计划和企业为了保护资产而检查会计数据的准确性和可靠性，进而提高经营效率，以及促使遵循既定的管理方针等采用的所有方法和措施。"该定义的提出使许多企业加强了对内部经营的控制与监督。

这一概念突破了与财务会计部门直接有关的控制局限，使内部控制扩大到企业内部各个领域。内部控制的内容也发生变化，从内部牵制时期的账户核对和职务分离逐步演变为由组织机构、岗位职责、人员条件、业务处理程序、检查标准和内部审计等要素构成的较为严密的内部控制系统。

②《反国外贿赂法》②。该法案主要由两组条款构成：记录与会计条款、反贿赂条款。在制止国外贿赂的同时，这些条款可帮助加强企业管理当局建立健全内部控制和内部管理的职责，从而使内部控制不再限于审计领域，成为企业正常经济活动所必须履行的法律义务。

③《财务报表审计中内部控制结构的考虑》③。该公告认为："企业内部控制结构包括为提供取得企业特定目标的合理保证而建立的各种政策和程

---

① 1929 年股市大崩溃所引发的经济危机，使许多企业加强了对内部经营的控制与监督。1949 年美国注册会计师协会（AICPA）所属的审计程序委员会发表该报告。

② 20 世纪 70 年代以后，西方世界的经济危机促使大量剩余资本的对外输出，越来越多的公司通过在其内部设立秘密贿赂资金，专门用于国内的政治献金以及行贿当地政府官员的方式实现争夺不法利润，为了遏制这种腐败行为，1977 年美国国会通过了《反国外贿赂法》（foreign corrupt practice act, FCPA）。

③ 《反国外贿赂法》出台后，并未彻底消除企业经营中的财务舞弊和可疑商业行为。"特雷德威委员会"通过对财务舞弊问题及其原因的调查发现，近一半的财务舞弊案件是由于内部控制失败造成的。随后 1988 年 5 月 AICPA 发布了第 55 号审计准则公告《财务报表审计中内部控制结构的考虑》。"特雷德威委员会"，也称"全美反舞弊性财务报告委员会"，该委员会由五家会计职业团体组成，分别是美国注册会计师协会（AICPA）、美国会计协会（AAA）、财务经理人协会（FEI）、内部审计师协会（IIA）和全国会计协会（NAA）。

序。"该公告还指出内部控制结构包括三个组成要素：控制环境、会计制度和控制程序。

（3）内部控制完善阶段

该阶段的内部控制理论以 COSO 的《内部控制——整体框架》和《企业风险管理——整合框架》为典型标志。

①《内部控制——整体框架》①。该报告重新定义了内部控制："内部控制是受董事会、管理当局和其他职员影响，为企业经营活动的效率和效果、财务报告的可靠性，以及相关法律法规的遵循性等目标的实现提供合理保证的过程。"内部控制整体框架由控制环境、风险评估、控制活动、信息与沟通、监控等五个要素组成，从而将内部控制的三个要素发展为五个要素。

我国财政部借鉴 COSO 模型，并在《企业内部控制基本规范》中指出②："内部控制是由企业董事会、监事会、经理层和全体员工实施的，旨在实现控制目标的过程，其包括五个要素③：内部环境、风险评估、控制活动、信息与沟通、内部监督。"

②《企业风险管理——整合框架》④。该公告既是对《内部控制——整体架构》的超越，也标志着内部控制的转型，在内涵构成上拓展并延伸为"八要素"：（a）目标设定，指董事会和管理层根据公司的风险偏好设定战略目标；（b）内部环境，指公司的组织文化以及其他影响员工风险意识的综合因

---

① 1992 年，COSO 委员会发布了题为：《内部控制——整体框架》的报告，并于 1994 年作了修改。

② 企业内部控制基本规范，财会〔2008〕7 号。

③ 内部环境。内部环境是企业实施内部控制的基础，一般包括治理结构、机构设置及权责分配、内部审计、人力资源政策、企业文化等。

风险评估。风险评估是企业及时识别、系统分析经营活动中与实现内部控制目标相关的风险，合理确定风险应对策略。

控制活动。控制活动是企业根据风险评估结果，采用相应的控制措施，将风险控制在可承受度之内。

信息与沟通。信息与沟通是企业及时、准确地收集、传递与内部控制相关的信息，确保信息在企业内部、企业与外部之间进行有效沟通。

内部监督。内部监督是企业对内部控制建立与实施情况进行监督检查，评价内部控制的有效性，发现内部控制缺陷，及时加以改进。

④ 2004 年 9 月，COSO 委员会在 1992 年的 COSO 报告的基础上，结合《萨班斯——奥克斯利法案》在报告方面的要求，颁布了《企业风险管理整体框架》的报告（ERM）。鉴于企业经营面临的风险日益增大，风险管理与控制在企业运营中越发凸显，2004 年 9 月 COSO 又提出了《企业风险管理——整合框架》。

素，包括员工对风险的看法，管理层风险管理理念和风险偏好，职业道德规范和工作氛围，董事会和监事会对风险的关注和指导，等等；（c）风险确认，指董事会和管理层确认影响公司目标实现的内部和外部风险因素；（d）风险评估，指董事会和管理层根据风险因素发生的可能性和影响，确定管理风险的方法；（e）风险管理策略选择，指董事会和管理层根据公司风险承受能力和风险偏好，选择风险管理策略；（f）控制活动，指为确保风险管理策略有效执行而制定的制度和程序，包括：核准、授权、验证、调整、复核、定期盘点、记录核对、职能分工、资产保全、绩效考核，等等；（g）信息沟通，指服务于规划、执行、监督等管理活动信息的生成，并适时向使用者提供信息的过程；（h）检查监督，指公司自行检查和监督内部控制运行情况的过程。

2.2.3　以软件工程理论和内部控制理论指导 REACA 模型的构建

软件工程理论是本书主要技术支撑理论，本书在软件工程理论的指导下，采用面向对象的信息系统开发方法和实体关系的逻辑模型建模方法，对 REACA 模型的基本技术问题展开理论探索。

内部控制理论是本书建立基于 REACA 模型的会计信息系统的逻辑模型的思想基础。内部控制理论的具体方法与内容直接构成本书关于 REACA 逻辑模型需求分析的内容。在逻辑建模的过程中，在内部控制理论的指导下，建立目标企业的内部控制制度，利用目标企业内部控制的要求，分析业务过程控制和信息系统控制的需求，以此作为逻辑建模的出发点。逻辑模型的完成，必将对目标企业的控制制度产生影响与反馈，从而改变目标企业部分内部控制制度的内容和重点。

2.3　ISCA 模型理论

2.3.1　ISCA 模型的基本理论

ISCA 模型由杨周南（2003）①教授首次提出。面对信息技术对会计行业的冲击，为厘清理论和实际工作中对"会计电算化"的简单化理解，杨周南

---

① 杨周南. 论会计管理信息化的 ISCA 模型［J］. 会计研究，2003（10）.

教授提出"会计信息化"的概念，并指出会计信息化建设的整体工作框架，即 ISCA 模型。

ISCA 模型（information system，control and auditing）理论认为，会计信息化的体系结构包括现代会计信息系统、内部控制制度、对信息系统进行审计三大组成部分。

（1）现代会计信息系统

在 ISCA 模型中，建立现代会计信息系统是第一个组成部分，是模型的基础，其特点如下。

①系统的核心是集成的。现代 AIS 的设计目标应符合企业整体管理和决策的需求，并可全面改造企业的业务流程，实现企业业务流程、会计工作和信息流程的集成，从而使企业的物流、资金流、信息流和业务流整合为一体。这一系统可实现企业内的过程集成，成为企业管理信息系统 MIS 的一个子系统。这种系统的核心是集成，即集成业务处理和信息处理、集成财务信息和非财务信息、集成核算与管理，使会计信息系统由部门级系统升级为企业级系统。

②系统是事件驱动的。在集成化的环境下，AIS 应该是事件驱动模式的信息系统。系统可支持对业务活动的事前、事中和事后控制。会计信息的采集、存储、处理、传输嵌入在业务处理系统中，管理信息系统和企业的业务执行系统融为一体，在业务发生时能够实时采集详细的业务、财务信息，并且执行处理和控制规则，不仅能实现事后的统计分析评价，而且能够进行事中控制。

（2）内部控制制度

在 ISCA 模型中，建立健全的信息系统内部控制制度是模型的第二个组成部分，目的是保证会计信息系统的正常运行，其特点如下。

①建立系统时，业务控制嵌入信息系统中。在建立事件驱动模式的会计信息系统时，随着企业业务流程自动化程度的提高，对业务的传统控制活动逐渐被嵌入计算机程序中。传统的业务控制已经转变为信息系统中的一种自动控制。因此，在企业实施信息化过程时，如何将各种控制过程嵌入业务流和信息流中是十分重要的。企业实施信息化、建立信息系统的同时，必须考虑、研究和设计内控过程的嵌入，以实现企业业务流程、会计工作流程、信息流程和内控流程的集成，即内部控制机制的研发是建立会计信息系统的一个重

要内容。

②更需要控制的是信息系统本身。信息系统控制是企业为保证信息系统高效率、完整性、一致性和安全性而采取的控制措施。

由于业务流程的自动化使得业务处理和业务控制的正确性和有效性依赖于信息系统的一致性和完整性，而信息技术的特点决定了信息系统具有易被攻击、易崩溃的缺点，并且信息处理和数据的集中化使得信息系统被破坏时所造成的损失不可估量。所以，在信息技术应用水平较高的企业中，对信息系统的有效控制是企业开展正常的生产经营活动的前提和保障。企业运用信息技术提高业务流程的自动化程度后，必须加强对信息系统的控制。信息系统控制的对象是信息系统，包括计算机硬件和软件资源、应用系统、数据和相关人员等信息系统的组成要素。

（3）对信息系统进行审计

对信息系统审计是 ISCA 模型第三个组成部分，目的是确保信息系统内部控制机制的有效运转，并最终达到企业管理信息化的效益。

在企业对业务的传统控制活动逐渐被嵌入计算机程序后，业务控制的有效性依赖于信息系统的安全性、可靠性和有效性。而信息系统的安全性、可靠性和有效性取决于信息系统的控制及其执行是否健全有效。因此，通过审计活动审查与评价信息系统的内部控制建设及其执行情况并提出审计建议也是确保信息系统安全、可靠、有效和高效运行的重要措施。通过审计活动可以发现信息系统本身及其控制环节的不足之处，并及时改进与完善，使信息系统在企业的经营管理中有效发挥作用。

2.3.2 ISCA 模型是本书的思想渊源

本书借鉴 ISCA 模型的思考维度，提出 REACA 模型的概念架构。REACA 模型是对 ISCA 模型的继承与发展，而 REACA 模型中的 REA 部分与 ISCA 模型中的现代会计信息系统相对应，是一种事件驱动的建模方法；REACA 模型中的 C 和 A 分别借鉴 ISCA 模型中控制和审计的思想并有所发展。关于 REACA 模型的分析将在本书的后续几章中详细说明。

2.4 本体论（ontology）

2.4.1 本体论的基本理论

（1）本体论的概念

本体论（ontology）原是一个哲学概念，用于研究存在的本质。但在近几十年里，这个词广泛应用到计算机界，并越来越多地应用于人工智能、计算机语言以及数据库理论研究中。对于本体论，还没有统一的定义和固定的应用领域。斯坦福大学的格鲁伯（Gruber）对本体论的定义得到许多同行的认可，他提出本体论是对概念化的精确描述，用于描述事物的本质。

自从 20 世纪 90 年代以来，围绕着本体论召开了为数众多的专题研讨会，来自哲学、知识获取和表示、过程管理、数据库视图集成、自然语言理解和企业建模等不同领域的研究人员，从各自的角度出发共同探讨本体论问题的核心。1998 年召开了这个领域的第一次主题会议"信息系统中形式本体论国际会议"，同时，伴随着相关研究成果在数量和质量上的增加和提升，该领域的研究日趋成熟。哲学领域中的本体论是一种存在的系统化解释，用于描述事物的本质；而计算机领域采用本体论的概念和方法，其目的是用于知识表示、知识共享和重用，更直观地讲，计算机领域本体论是把现实世界中的某个领域抽象为一组概念及概念间关系。

本体论是概念化的详细说明，一个本体论往往就是一个正式的词汇表，其核心作用就在于定义某一领域或领域内专业词汇以及它们之间的关系。这一系列的基本概念如同一座大厦工程的基石，为交流各方提供了一个统一的认识。在这一系列概念的支持下，知识的搜索、积累和共享的效率将大大提高，真正意义上的知识重用和共享也成为可能。

（2）本体论的基本内容①

本体论可以分为四种类型：领域、通用、应用和表示。领域本体包含特定类型领域（如电子、机械、医药、教学）等的相关知识；通用本体则覆盖了若干个领域，通常也称为核心本体；应用本体包含特定领域建模所需的全

---

① 邵建利. 中国企业核算一体化［M］. 上海：上海财经大学出版社，2008.

部知识；表示本体不只局限于某个特定的领域，还可提供用于描述事物的实体，如"框架本体"，其定义了框架、槽的概念。

在知识工程领域，所谓"存在"就是可以表示的，可以定义描述性术语来描述应用的本体论。在人工智能领域，本体论是一个工程性的人造物（engineering artifact）。

本体论是由一个描述某种现实情况的特定术语集和一组显示定义的公理集组成，这组公理集用于描述上述术语的内涵，通常采用一阶逻辑形式。可以采用多种不同的形式表示本体论，但一般都包含一个术语的词汇表和词汇意义的某些说明。在最简单的情况下，本体论描述由包含关系关联起来的概念层次；复杂的本体论包括概念定义、概念相互之间的关系、概念和概念之间关系满足的公理，它们共同在领域上施加一个结构，限制对输入可能的解释和应用。

人工智能领域对本体论的研究包括本体论工程，本体论的表示、转换和集成，本体论的应用三个方面。

本体论工程是研究和开发本体论的内容，它包括两个方面：一是研究如何创建特定领域的本体论；二是研究通用本体的创建方法。

本体论的表示、转换和集成是研究用于表示各种本体的知识表示系统，提供形式化方法和工具；促进本体论的共享和重用，提供不同本体的比较框架；研究不同本体的转换和集成方法，提供不同本体论间互操作的手段。

本体论的应用主要研究特定领域或以通用本体论为基础的应用。对特定本体论的研究和开发已经涉及许多领域，如企业本体论、医学概念本体论、酶催化生物医学本体论、电子供应链本体论，等等。比较著名的企业本体论研究包括爱丁堡大学企业项目和多伦多大学的虚拟企业项目。通用本体论研究最著名的项目是 CYC 工程，经过近二十年的研究该项目已经建立了一个巨大的知识库。

在实际的应用中，本体论学者、知识管理、人工智能、情报学（图书馆学）甚至任何一个具有大量需要归类和划分信息的部门及领域都可以成为本体论的应用对象。本体论的基本元素是词汇（term）、概念（concept），转而构成同质化的类（class）和子类（sub - class），然后各个类和概念之间加入适宜的关系（relation）后，形成一个简单的本体。概念和类皆用来表达词汇本身，而关系则为词汇提供连接（mapping），并加入限制条件（constraint），使之与现实情况相符合。

2.4.2 本体论是 REACA 模型研究的领域方向

传统信息系统开发的一个主要缺点是重用性差，对存在项目部件如设计、知识结构或软件组件等的重用可以不断地减少信息系统设计、实施和维护的事件和成本。而重用性的完成很大程度上取决于一个类似概念的共享。

REA 模型采用语义建模的方法，从业务过程视角捕获和表示组织关键的资源、事件和参与者数据，能为财务过程和业务过程的集成，以及会计信息系统和其他信息系统的集成提供统一的数据模型，非常迎合业务流程再造和信息系统集成的观点，这引起了会计信息系统学术界的关注，很多研究者纷纷加入该研究的行列。在麦卡锡提出 REA 模型后，海尔茨、麦卡锡从 1990 年开始对原始 REA 模式进行扩充，让 REA 发展成一套可据以建构整合企业信息系统的企业领域本体论（enterprise domain ontology），称为 REA 本体。

本书将应用本体论的基本思想方法，建立 REACA 模型的本体基础，并在这一理论的指导下，全面解释 REACA 模型的架构、架构中的实体以及实体之间的关系。

REA 模型概述

REA 模型是以资源、事件和参与者为要素，以事件为中心的事件驱动型会计信息的建模模型。自麦卡锡的 REA 模型被提出后，很多学者从不同的角度对 REA 模型进行深入的研究和扩展，在这一过程中，REA 模型得以不断丰富。但对于 REA 模型基本理论的具体内容并没有统一约定，REA 模型的理论内涵散见于 REA 模型的文献以及部分未公开发表的工作文档中。因此本章选取 REA 模型研究中形成的基本共识，包括模型的含义、内容、特征和建模方法作为 REA 模型的基本理论加以介绍。在本章的最后部分对 REA 模型的有关文献进行综述，它们是 REA 基本理论的重要补充内容。

3.1 REA 模型的基本架构

3.1.1 REA 模型的内涵

REA 是资源（resources）、事件（event）、参与者（agent）的英文缩写，其含义是对企业的重要资源、事件、参与者以及它们之间的相互关系建模。REA 模型的基本思路是根据所用数据库规定的数据格式，数据化企业业务事件涉及的全部有用数据，而不是人为加工成借贷分录的形式后输入数据库中集中存储。

3.1.2 REA 模型的表示方法

ER 图是进行系统需求分析工作的重要工具，在实际运用中常常用来反映事物之间的关系，它描述的是系统的静态数据结构，也称为概念数据模型。因此，一般用 ER 图与数据流程图、结构图等结合来共同完成信息系统描述任务。

ER 图中包括实体、关系和属性三个基本成分，通过用 ER 图表示系统的概念数据模型，能够使信息用户和分析设计人员对信息需求、信息结构达成共识，而且独立于具体的数据库管理系统。

REA 模型的图示方法与 ER 图类似。在 REA 模型中，采用矩形框表示实体（资源、事件、参与者），采用实体间的连线表示实体间的关系，采用菱形框记录描述联系的语句。

REA 原始模型的结构如图 3 – 1 所示①。在原始模型中，麦卡锡（1982）列出了资源、事件、参与者和它们相互间的关系。模型中的要素及要素之间的关系描述详见下一节。

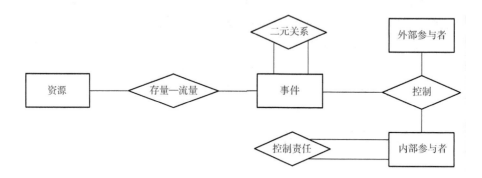

图 3 – 1　REA 原始模型

3.1.3　REA 模型的重要概念

（1）有关实体概念

在 REA 模型中包括三个实体：资源、事件、参与者。

①资源。麦卡锡认为资源是指珍贵的、能带来效益并为企业所控制的、可量化的对象实体。资源可以用升、公斤、元等数量单位加以衡量。财务会计中被确认为资产的多数项目都属于资源，但 REA 模型中的资源又不完全等同于财务会计中的资产。

REA 模型中的资源不包括类似"应收账款"这样具有"要求权"的、可以被推导计算出来的资产。麦卡锡认为应收账款不过是用来存储和传输数据的人工记录，它可由对顾客的销售额和销售收款之间的差额导出，因而，在系统建模时，模型中不应包含应收账款。但与此同时，REA 模型中也包含在财务会计中所没有包含的资产项目，如顾客对公司产品的询价，顾客对公司产品感兴趣的程度以及顾客的要求和建议，等等。

②事件。事件是对资源变动产生影响的业务活动，它是会计信息系统中

①　The REA Accounting Model：A Generalized Framework for Accounting Systems in a Shared Data Environment.

的关键信息因素。在 REA 模型中，事件的内涵较财务会计信息系统中的事件内涵更加宽广，包括所有能直接影响组织资源变化的活动，不仅包括能够进入簿记体系的交易事件，还包括其他不进行会计确认与计量的活动。例如，生产、交换、消费、分配方面的活动都是事件。因此在采集经济事件的数据时，应尽可能详尽，这是提供全面细致信息的基础。

关于事件的分类，戴维（David）的观点获得了理论界的共识。根据戴维的观点，事件可以分为经济事件（economic events）、业务事件（business events）和信息事件（information events）。

经济事件是指对经济资源变动产生影响的经济活动，包括企业价值链体系中引起资源变动的经济交易事件、对未来经济交易所做的承诺等事件。简单地说，在 REA 模型中，能引起资源增加或者减少的事件就是经济事件。经济事件是理解 REA 模型的基础。但是，在设计 REA 模型时仅靠"经济事件"还是不够的。

业务事件是指管理层希望去计划、监督和评价企业的业务活动，这些事件将造成企业现实状况发生改变，并能为企业管理当局提供其决策所需信息。从定义可以看出，业务事件的范畴比经济事件大，业务事件涵盖所有经济事件，而经济事件只是业务事件的一部分。多个业务事件支持一个经济事件，业务事件为组织提供更有利的进行监督、控制的信息。比如业务事件包括：请购商品、开订单、取得客户订单，等等。当取得客户订单未增加或未减少资源时，这不是经济事件而应是业务事件，因为一旦开出订单，此新信息将有助于管理当局计划、监督及评估经营情况。经济事件与业务事件之间的关系如图 3-2 所示。

信息事件是 REA 模型中的第三类事件，用于组织获取信息（capture information）、处理信息（manipulate information）和交换信息（communicate information）的过程。信息事件同经济事件和业务事件的关键区别在于，信息事件并不产生新的数据，而只是对原已识别的数据进行捕捉、归纳和报告。信息事件包括记录业务事件的数据、维护组织重要数据，以及向相关管理当局和其他决策者报告有用的信息。例如，为顾客开具发票是现代企业内部管理中经常遇到的事件，然而这一事件既不改变资源的数量也不会引起资源的转换或转移，这一事件仅仅是传递有关事件发生的信息，即支付了一定的货物，并为此换取一定的收入。

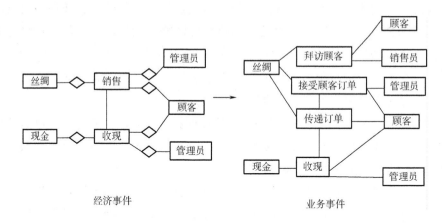

图 3-2　经济事件与业务事件的关系

③参与者。事件的参与者是参与事件的个人或部门，既包括组织内部的参与者，也包括组织外部的参与者。例如，销售人员、生产人员、财务人员、供应商、运输商、顾客等。组织收集与他们相关的数据，目的是为了更好地计划、控制和评价其基本活动。

（2）有关关系概念

REA 模型将实体之间的关系分为四类：事件—资源关系、事件—事件关系、事件—参与者关系、内部参与者—内部参与者关系。

事件—资源关系，称为存量—流量关系（stock-flow），是指增加或减少经济资源的事件和资源之间的关系。其中资源为存量；事件为流量，包括流入和流出。

事件—事件关系，称为二元关系（duality），是指一个业务循环中，可以导致两组资源增减变化的两个事件之间的关系。其中，一个事件导致某种或某一组资源流入，而另一事件导致其他资源流出。资源流入必定有与其相关联的资源流出。例如，销售与收款循环中，销售事件引起存货减少，而收款事件引起现金增加，存货的减少与现金的增加直接相关，销售事件与收款事件的关系就是二元关系。二元关系表示一个经济交换过程的双重属性，即得到的同时必定伴随付出，付出的同时必定伴随得到，由此保持得失之间的平衡。

事件—参与者关系，称为控制关系（control），是联系内部参与者、外部参与者、经济事件三者之间的桥梁。

内部参与者—内部参与者关系，称为责任关系（responsibility），也是麦卡锡为 REA 模型定义的一种关系。责任关系表明高级别控制单元负责附属低级别控制单元活动的关系，责任关系用于描述上级对下级进行控制并承担责任。

3.2　REA 模型的特点

邓恩（Dunn）、麦卡锡（1997）认为 REA 模型的特点包括：数据库导向、语义导向和结构化导向。

3.2.1　REA 模型的数据库导向及优越性

数据库导向包括以下三个条件。

第一，数据必须以未经加工的形式存储（至少在一定的时期内）。

第二，授权的决策者可以访问已存储的数据。

第三，可以对已存储的数据以不同的形式进行提取和处理，以满足不同的使用目的。

REA 模型数据库导向的好处是：模型的应用并不依赖于面向对象的数据库技术、人工智能，或者其他符合上述条件的存储原始信息的技术。这也说明 REA 模型允许采用非数据库导向的数据库技术来建立系统。

3.2.2　REA 模型的语义导向及优越性

综合语义（integrated semantics）是现代数据库管理技术的一个基本概念。数据库是描述现实世界的模型，从设计学的角度讲，数据库的设计要采用接近真实世界的综合语义模型——抽象、归集数据库现有的和潜在的用户的所有需求信息，建立适用于每个用户的数据库概念模型，使数据模型能够近似表示现实世界中的现象。

语义导向的优越性是：在会计领域使用综合语义模型可以描绘产生会计数据的经济业务活动（或过程）的完整信息。模型的组成部分可以反映真实世界现象，而不是只将复式记账体系这一严格的人造系统作为描述现象的原始数据，这样决策者可以访问和使用的数据不再局限于生成的财务数据。基于语义模型的会计系统将不仅能反映财务信息，也能反映业务活动的非财务信息。而且，这些数据可以被传统会计信息系统权限以外的非财务决策人员使用，这是传统会计信息系统所不能提供的。

3.2.3　REA 模型的结构化导向及优越性

结构化导向是指将发生的业务事件进行框架描述，该框架描述具有一定结构特征，在设计会计信息系统时将这些框架作为基本结构进行综合，把重复应用的框架制作成模板作为集成信息系统的基础或单元。在 REA 模型内有以下两个核心的结构化特征。

首先，将所需记录和存储的与某事件有关的数据表述为结构固定的模板。在 REA 模型中，对每一事件而言，该事件所涉及的资源和参与者的有关数据都需要记录和存储，例如，销售是企业记录并存储数据的事件集，伴随着收集每一销售事件的数据（如发票号、日期、金额，等等），REA 模型要求结构化描述与该事件相关的资源（如存货、运输车、人工）和参与者（如销售人员、顾客）的数据，同时还要求结构化表示这些实体之间的联系。

其次，在 REA 模型中有两类基本经济事件——资源流出（支付）事件和资源流入（获取）事件，这两类事件通过二元关系组合在一起，在同一模型中构成一个循环。这意味着两个 REA 模型在交易的获取—支付的对应关系中连接在一起。关于结构化思想的一个简单例子如图 3-3 所示。

在图 3-3 中，销售事件模板与收取现金模板相联系。当然，在任意时刻都有可能存在交易不平衡的状况（例如赊销业务），表示销售已经发生但尚未收到现金并产生应收账款等未来获取权。

结构化导向的优越性是：REA 模型结构化导向的特征有利于建立企业级中央数据库，据此建立的会计信息系统是企业信息系统的一部分。海尔茨、麦卡锡在 1994 年提出的扩展 REA 模型就将企业视为一系列交换或活动的集合，在该集合中，每个过程均由付出某种资源（减少）来获取另一资源（增加）构成。在最高的抽象层次上，企业可以被认为是包含现金流入（初始筹资）和现金流出（偿债或权益分配及利润）的一个过程。因此，通过对过程进行不同层级的抽象，向下可以直至企业的详细数据，向上可以延展到企业的整个价值链。这也是海尔茨、麦卡锡针对 REA 模型提出的广阔研究课题。

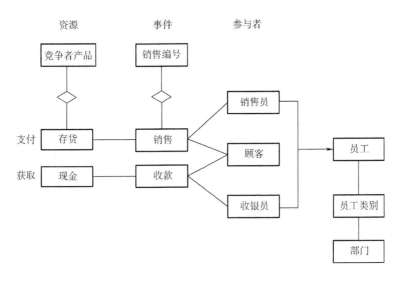

图 3 - 3　REA 模型的结构化导向示例

3.3　REA 模型的建模方法

3.3.1　REA 模型的建模工具

　　REA 模型的建模工具是实体关联图（ER 图）。其中，资源、事件和参与者三个要素作为 ER 图中的实体，三要素之间的关系作为 ER 图中的联系纽带。

　　REA 模型采用 ER 图的形式简明地表述业务过程的事件以及与事件相关的重要属性（参与者和资源）信息，除了 ER 图表示的 REA 模型外，基于 REA 模型进行逻辑建模时也采用包括矩阵工作表、数据流图等描述工具作为辅助建模工具。

3.3.2　REA 模型的建模步骤

（1）了解企业的环境和目标

深刻理解所要分析的企业，是建立有效、完整的逻辑模型的前提。在开始分析具体的业务过程之前，应先分析了解企业的经营目标、所处行业状况、企业价值链关系、企业战略，等等。分析了解这些要素对于发现企业业务过程中的问题，识别不能满足企业目标的过程和事件，从而找出重要的战略性业务事件至关重要。在信息系统分析过程中，不仅要深入分析现有的业务运行和信息处理，而且要深入分析组织的目标、战略和所期望的业务过程，这是分析并设计性能优越的信息系统的关键。

（2）识别业务事件

识别企业业务过程中的重要业务事件，要求将事件表示成带描述符的矩形框，并运用主动语态命名（比如用"接受客户订单"而不采用"客户订单被接受"）。

企业的战略和目标通过计划、执行和评价业务过程实现。将企业业务活动分解为业务过程，将业务过程进一步分解为业务事件是系统分析与设计的基本思想方法，这一方法有利于复杂系统中系统元素的识别与分析。业务过程分解为业务事件的详细程度，取决于企业的管理和控制要求。

业务事件识别是 REA 建模的关键，因此应识别并记录业务事件的详细信息，包括明确业务事件发生的原因和发生的方式，即业务事件为什么发生和如何发生。在本步骤中，为了规范化事件识别的内容，防止遗漏事件信息，可以采用业务过程 REA 模型矩阵工作表，如表 3-1 所示。

表 3-1　业务过程 REA 模型矩阵工作表

事件	事件目标	事件触发器	资源	内部参与者	外部参与者	地点	备注

其中，事件触发器是指触发本事件的动作，包括前一个事件（如"授权采购"事件是"订购"事件的触发事件）、外部的实体行为（如"顾客订货"触发"接受客户订单"），以及内部的管理决策要求（如经理决定雇佣新员工将触发"员工招聘"），等等。

（3）分析业务事件所涉及的资源、参与者及相关属性

业务事件将导致企业资源的流入和流出，从而影响资源库存的数量，因此对业务事件的描述应包括所涉及资源的种类和数量。对资源的识别与描述应遵循的原则是：既不能忽略事件的基本细节，又要避免陷入无关紧要的琐碎细节之中。

业务事件的参与者包括内部参与者（如销售人员、管理者和检查人员）和外部参与者（如顾客和供应商）。参与者可以是人、组织或者与系统相交互的其他系统。在系统中参与者可以生成系统输入或者接收系统输出。通过定义业务事件，不仅可以明确业务事件的参与者而且可以明确其所充当角色的责任，例如该参与者是资源使用的授权者、批准者、保管者或者使用者，等等。

识别业务事件相关属性特征的目标是进一步描述和定义业务事件，具体包括：事件发生的时间和顺序、事件发生的地点、事件的触发器、事件的恰当授权和批准程序、事件所涉及的资源类型和数量、事件所涉及的参与者及其角色。

在业务事件的相关属性特征的识别中，蕴含业务事件风险分析的内容，即不仅考虑业务事件的正常属性内容，还应考虑业务事件可能发生的错误，例如业务事件是否按照正确的事件和顺序发生、地点是否合理、事件的触发器是否正确、事件是否经过必要的授权审批、事件涉及的资源和参与者属性是否正确，等等。

（4）识别业务事件同资源、参与者之间的关系

识别业务事件同资源、参与者之间关系的目标是明确与事件直接相关的事件、资源和参与者信息，包括事件与资源、事件与参与者、事件与事件，以及不依赖于业务事件的成对的参与者与参与者之间的关系[①]。

在识别关系时，具体的做法是：每个事件至少和一项资源、一个内部参与者相关联；事件之间的直接关系表明事件在业务过程中的顺序；REA 模型采用关系基数来准确定义事件、资源和参与者之间的关系，比如资源、事件、参与者之间的关系有一对一、一对多、多对多三种，关系基数可以提高模型

---

① 比如企业根据目标客户的区别对销售人员进行细分，每一销售人员负责一类目标客户的营销，此时销售人员（内部参与者）与目标客户（外部参与者）之间的关系。

的精确程度并实现部分业务过程规则的表述。

（5）与业务人员一起验证业务过程的 REA 模型

与业务人员一起验证业务过程的 REA 模型，须按照系统目标和系统应完成的功能等约束条件对已建立的 REA 模型进行理解和讨论，以逐项验证各识别元素的正确性，或对模型提出必要的修正。修正一般包括将一个或多个业务事件分解为更细化的业务事件，或将事件合并。

（6）业务过程模型的整合

业务过程模型的整合是指通过业务过程的联系把各个业务模型连接成为一个统一的有机整体。

业务过程以两种方式相互连接：共享公共资源和业务事件的触发。业务事件触发的连接方式是指，通过一个业务过程中的事件，触发另一个过程中的事件，实现两个业务过程模型的连接。

例如，获取支付过程中的"接收商品"事件和销售收款过程中的"运输商品"事件通过商品这个公共资源相互连接，其中"接收商品"增加了企业商品数量，而"运输商品"减少了企业商品的数量。

再如，销售收款过程和转换过程通过事件的触发关系相连接。销售收款过程中的"接受顾客订单"事件将触发转换过程中的"装运存货"事件。

需要说明的是，尽管可以将所有过程相互连接形成整个企业的 REA 模型，但即使对于小型组织而言，这个模型也会非常复杂。

3.4 REA 模型研究综述

3.4.1 国外研究综述

REA 模型的提出，开辟了国外关于会计信息系统逻辑建模研究的新方向，一些会计学者从不同角度对 REA 模型理论进行扩展研究。概括起来其研究的方向可分为对 REA 模型结构的扩展研究、对 REA 模型方法的扩展研究、对 REA 模型实例的研究，以及近几年兴起的对 REA 本体论的研究。

（1）REA 模型结构的扩展研究

关于 REA 结构的扩展研究如表3-2所示。在表中本书省略了前面已经定义过的元素的描述。

表 3 – 2　REA 模型结构的扩展研究

作者	题目	模型结构	贡献
麦卡锡 (1982)	The REA Accounting Model: a Generalized Framework for Accounting Systems in a Shared Data Environment	经济资源 经济事件 经济参与者 经济单元 流入—流出关系 二元关系 控制关系 责任关系 结论实体化① 要求权 ②	建立了 REA 模型的基本结构，提出在数据共享的条件下，用财务数据和非财务数据共同描述经济现象的一般会计框架，即 REA 模型。论文论述了 REA 模型的结构含义和数据建模技术，并实际应用该模型完成了数据库设计
邓恩、麦卡锡 (1997)	Definition of Database Orientation, Semantic Orientation, and Structuring Orientation	数据库导向（database orientation） 语义导向（semantic orientation） 结构化导向（structuring orientation）	建立了区分不同会计系统的标准
丹纳 (1993)		地点（locations）	应当记录事件发生的地点。有时事件的地点包含在所涉及的资源和参与者中，然而，当事件的发生地点不能从参与者和资源的信息中获取时，应该明确标明事件发生的地点
罗克韦尔、麦卡锡 (1999)	Semantic Modeling in Accounting Education, Practice, and Research: Some Progress and Impediments	应用妥协（implementation compromise）	应用妥协定义了有些基于 REA 的会计系统的交易与 REA 会计的完整定义并不完全一致的情况

①　结论实体化是指从连续的业务活动记录中捕捉相关信息。在一个事项会计系统中，所有的信息都来自经济事件本身，如何组织和展现这些交易记录的数据就显得尤为重要。

②　要求权指未来的资产，产生于不平衡的二元关系，或者现在获得某资源的控制权并导致未来资源的减少，或者现在失去资源的控制权并导致未来资源的增加。

续表

作者	题目	模型结构	贡献
海尔茨、麦卡锡（1997）	Abstraction of Exchange Patterns to Business Processes and Enterprise Value Chains	进程（process）① 价值链（value chain）②	解释原始 REA 模型和价值链的相互关系，指出："从整体上看，通过二元关系把公司多个独立经济事件连接成为经济事件流程，通过流入—流出关系把这些经济流连接成企业价值链。"
海尔茨、麦卡锡	Ontological Extensions to REA Models with Types and Commitments	类型（type） 承诺（commitment） 交易 监管 预留 执行 交互	扩展原始 REA 模型，增加额外的实体（类型、承诺和交易）和关系（联系、监管、预留、执行和交互）
豪根、麦卡锡（2000）	REA：A Semantic Model for Internet Supply Chain Collaboration	供应链（supply chain）	指出 REA 模型在支持多公司供应链协助方面远优于其他语义模型。互联网作为一种协调手段，极大地提高了供应链协作速度，但是，还没有一种超越所有供应链活动的、公认的语义模型。REA 模型作为一个标准的、非专用的语义模型可以使供应链协作更加经济、快捷。互联网的供应链协作和网上交易可能是 REA 模型最容易获得大众接受的领域

---

① 一个进程包括 REA 模式由二元关系连接的两个模型图，即增加和减少。在进程层面，进程的输入端表示资源的减少，进程的输出端表示资源的增加，这样一个进程相当于一个生产函数。

② 价值链是获得生产要素、产品或服务的增值、最后将产品传递给顾客的有目的的商业过程的序列。

作者	题目	模型结构	贡献
戴维（2000）		经济事件（business event）信息事件（information event）协同关系（synergy relationship）	协同关系连接具有相似性质的事件，通过协同关系，模型可以方便地模拟完成共同目标的事件族
海尔茨、麦卡锡2002	An Ontological Analysis of the Economic Primitives of the Extended – REA Enterprise Information Architecture	经济协定经济契约经济日程	增加"经济协定"的概念，包括"经济契约"和"经济日程"，用以捕捉未来数据。后面的两个概念基于原有REA模型中对历史数据的描述，分别用于处理未来的交易事项和资源占用。这一研究使得"应用中立"理念在历史数据和未来数据方面都得到体现

（2）REA 模型方法的扩展研究

对 REA 模型方法的扩展研究如表 3 - 3 所示。

表 3 - 3　REA 模型方法的扩展研究

作者	题目	方法
高、麦卡锡（1983）	Network Database Implementation（CODASYL）	网络数据方法（CODASYL）
高、麦卡锡（1986）	Relational Database Implementation（Query – by – Example）	关系数据库方法
海尔茨（1997）	Abstraction of Exchange Patterns to Business Processes and Enterprise Value Chains	面向对象的方法
罗克韦尔、麦卡锡（1999）	CASE Tool for Accounting Database Design	会计数据库设计的CASE方法

其中面向对象的 REA 模型方法是 REA 模型方法研究上的巨大进步。有学

者指出通过 ER 方法建立 REA 模型的缺陷：使用这种设计方法意味着在用户的使用过程中，基于 REA 的数据模型不得不面对其实体指数倍增的瓶颈。海尔茨（1997）将这一问题归于缺乏"可再用性"和"扩展性"。这一缺陷得到研究学者的认同，随后他们提出了一种面向对象的 REA 模型的版本。这种模型方法允许在数据模型中加入商业对象的结构和行为等方面的特征，比如，合同作为商业对象包括若干条款。面向对象方法一个最重要的特征在于，商业对象的结构和行为等方面特征的可继承性，这一特征克服了基于 ER 方法的原始 REA 模型的缺陷。

（3）REA 模型实例的扩展研究

REA 模型实例研究方面的成果较少，主要包括以下几个。

高、麦卡锡（1983）和丹纳（1992）等人研究了 REA 系统的实施。

韦伯（1986）研究了数据库、半语义化模型及 REA 系统是否能够达到所宣称的优点。

丹纳和贾斯曼（1994）用 REA 模型对捕鱼、钢铁和石油生产过程建模，证实 REA 模型的概念框架在作某些修正后就可适用于生产过程。

邓恩（1995）对 REA 模型进行实验分析，建立一个 REA 抽象层次的实例作为 REA 数据库的界面。基于此前对会计和计算机科学的研究，邓恩提出一系列假设包括抽象的界面应当更加支持用户从数据库中产生财务报表过程，他进一步创建了两个实例并检验其所提出的假设。

戴维（1995）采用实地研究方法，通过衡量公司会计信息系统包含 REA 语义和结构的程度，来评价系统的优劣。他对 8 个造纸厂从实证上对 REA 模型和 DCA 模型进行比较，发现在行政管理和生产率提高方面，REA 模型有明显的优势。在此基础上，他设计多种评价信息系统成功的指标，用这些指标与系统的 REA 程度进行比较，证实 REA 模型具有一定优势。

REA 模型的实例研究在实务中进一步得到证实。有学者综合 REA 模型和作业成本法实现会计信息系统与生产信息系统的整合；1997 年 IBM 公司应用 REA 模型建立 IBM 工资系统；同年，普华永道会计事务所在对 REA 模型作一定折中后建立了在大型数据库中迅速获取数据的 GENEVA 系统；豪根、麦卡锡（2000）用 REA 模型建立一个供应链系统，实现供应链中对同步需求的最优化响应。

（4）REA 本体研究

海尔茨、麦卡锡从 1990 年开始对原始 REA 模型进行扩充，使 REA 模型理论发展成一套可据以建构整合企业信息系统的企业领域本体论（enterprisedomain ontology）。

①REA 本体的层次。邓恩（2005）把 REA 企业本体论由简至繁分成以下四个层次。

价值系统层（value system level）：描述资源如何在企业及其外部伙伴（包括供应商、客户、投资人或债权人、员工等）之间流动。

价值链层（value chain level）：描述资源如何在企业的不同企业业务活动之间流动。

企业层（business process level）：描述特定企业活动内的资源、事件参与者及彼此间的关系。

任务层（task level）：描述特定企业程序的工作流程细节。由于工作流程细节的选择众多，因此并无一定的样式可循。除了可用文字叙述外，许多系统分析的方法及工具都可以描述工作流程细节，包括系统流程图、程序图、UML 活动图、顺序图等。

②通用事件类型。REA 模型内的事件可分成以下几种。

经济事件：是 REA 模型的核心事件，通常包含两个或多个具有二元关系的资源增加事件以及资源减少事件。例如，销货与收款、采购与付款都是典型的二元事件。

契约或承诺事件：是促成经济事件发生的事件，例如，客户下订单并且企业接受顾客订单后，才有后续的出货及收款事件，因此前者（客户订单）为承诺事件。

带头事件：是促成相互承诺事件发生的事件，例如，企业的行销活动，以及客户询价、企业报价，都可以看作是带头事件。

转回性事件：是"非现金资源"增减事件的转回事件，亦可算是经济事件的一种。例如，销货是资源减少经济事件，销货退回则是前项事件的转回事件。

③事件的其他类型。除了上述几种通用事件类型外，戴维（2007）建议把 REA 模型内的事件分成以下三种。

经济事件：实际改变资源数量的事件，例如：销货、进货及收付款事件。

业务事件：尚未改变资源数量，但能提供与企业决策有关咨询的事件，例如销货订单事件、采购订单事件。

信息事件：用来记录、传递同经济事件、商业事件有关资讯的事件，例如编制销货发票、打印账龄分析报告等。

事件应该分为以下三种。

营运事件（operating event）：指企业程序内的实体作业，例如处理订单、拣货、出货、验收、付款等。

信息事件（information event）：与信息记录、维护及报道有关的事件。

决策管理事件（decision management event）：与决策制定及施行有关的事件。

上面所述三种事件环环相扣，其中，决策管理事件驱动营运事件、营运事件驱动信息事件、信息事件驱动决策管理事件。

④资源。REA 模型内的资源可分为以下两种。

一是描述可个别辨别且独立编号的资源，通常适用于少量的、价格较高的对象，例如钢琴、汽车。

二是描述大量生产、使用共同商品编号的资源，例如超市中贩售的大部分货品——如鲜奶等。

⑤参与者。参与者分成两类：内部参与者和外部参与者。

⑥关系。REA 模型中的关系可以分为：事件之间的关系、事件与参与者之间的关系、事件与资源之间的关系、参与者之间的关系以及其他关系。

第一，事件之间的关系。

对偶关系（duality）：存在于两个资源增减经济事件之间。

相互关系（reciprocal）：存在于两个分别连接资源增减事件的相互承诺事件之间，因 REA 样式图通常只为个别企业程序绘制一个相互承诺事件，因此相互关系并不常见。

履行关系（fulfillment）：存在于相互承诺事件与资源增减经济事件之间以及带头事件与相互承诺事件之间。

转回关系（reversal）：存在于非现金资源增减经济事件与其转回事件之间。

第二，事件与参与者之间的关系。

参与关系（participation）：存在于事件与内外部参与者之间。

第三，事件与资源之间的关系。

存量—流量关系（stock - flow）：存在于经济事件与资源之间。

保留关系（reservation）：存在于相互承诺事件与资源之间。

提议关系（proposition）：存在于带头事件与资源之间。

第四，参与者之间的关系。

指派关系（assignment）：存在于内部外部参与者之间。

责任关系（responsibility）：存在于两个内部参与者之间。

第五，其他关系。

监管关系（custody）：存在于内部代理人与资源之间。

连接关系（linkage）：存在于两种资源之间。

特殊化关系（typification）：存在于资源与资源形态之间。

一般化关系（generalization）：存在于父个体与子个体之间。

3.4.2 国内研究综述

国内关于 REA 模型的研究时间并不长，较早的著作是杨周南、赵纳晖等（1999）翻译的《现代会计信息系统》，该书比较系统地介绍了 REA 建模的知识。

随着会计信息化学科的发展，REA 模型逐渐成为会计信息化领域的热门课题之一，研究主要成果集中在对 REA 模型的理论探讨。

关于 REA 模型理论研究的重要文献如下[①]。

韦沛文（2003）[②]在《信息化与会计模式革命》中介绍了 REA 模型。作者在比较 REA 模型的数据结构与用友 V8.10 的基础上，认为用友 V8.10 的购销链在一定程度上实现了 REA 面向业务流程建模的要求，而不仅仅是按会计业务处理流程建立数据模型，但是相对于 REA 模型对业务流程进行全面分析的要求仍然具有一定差距。用友 V8.10 系统既不是一个传统的会计信息系统，因为它具有 REA 模型的一些特点，又不完全符合 REA 模型的要求，是一个介于传统会计信息系统与 REA 模型之间的系统。韦沛文认为可以把 V8.10 系统看成是一种从传统 DCA（debit and credit accounting）模型向 REA 模型过渡的、不可或缺的中间阶段，并且未来会计信息系统的发展一定是向着 REA 模型的方向迈进。

---

① 崔春. REA 模型中外研究评述［J］. 财会研究，2009（02）.

② 韦沛文. 信息化与会计模式革命［M］. 北京：中国财政经济出版社，2003.

刘萍、T. J. Wang、袁细寿（2004）[①] 认为 REA 模型是一种基于企业价值链的、反映经营业务语义关系的概念数据模型工具，特别适用于会计信息系统的开发。REA 模型是对会计工作流程的客观反映，与数据库管理系统的特性完全无关，是会计人员与开发人员沟通的基础，是对现实经济环境的理解，更是进一步建立逻辑数据模型、物理数据模型和完成系统开发的基础。

王振武（2006）[②] 认为，从一开始到可预期的未来，信息技术在会计中的应用大致可分为三个阶段：会计电算化阶段、会计业务一体化阶段（ERP 阶段）和事件驱动会计阶段。在 REA 模型基础上建立事件驱动会计信息系统的主要目的是为运营、管理与决策提供全方位的会计信息服务特别是非会计信息服务。事件驱动会计信息系统最重要的特征是摒弃了借贷记账方式，而是利用业务事件驱动数据的记录与维护，由信息需求触发数据处理与信息的报告过程，从而真正实现会计实时的全方位的信息服务。

毛元青、杨海东、张荣荣（2006）[③] 认为，自从 REA 模型思想提出后，特别是在 20 世纪 90 年代，在理论界和各大管理软件开发商中都得到了广泛的响应。理论界对它进行大量的扩展，由 REA 模型到 REAL 模型，而且扩展到会计信息系统以外的其他管理信息系统领域，从而成为管理信息系统数据建模的一个标准。各大管理软件提供商在进行管理信息系统开发时，也不断渗入 REA 模型思想。综合来看，基于 REA 的会计信息系统取代传统 DCA 体系的会计信息系统是一大趋势。

代逸生、陆峻梅（2006）[④] 研究财务业务一体化会计信息系统的特征及其得以实现的基础——动态会计平台，提出利用 REA 模型构造动态会计平台，分析如何利用这种动态会计平台实现记账凭证的自动生成功能。利用该方法不仅可以提供实时的会计信息，而且能够充分发挥会计的管理和监督职能。

① 刘萍，T. J. Wang，袁细寿. 会计信息系统的 REA 建模方法及其应用 [J]. 中国会计电算化，2004（05）.

② 王振武. 会计信息化的三个发展阶段 [J]. 财会信报，2007（12）.

③ 毛元青，杨海东，张荣荣. 基于 REA 模型的会计信息系统 [J]. 哈尔滨商业大学学报，2006（04）.

④ 代逸生，陆峻梅. 财务业务一体化会计信息系统中记账凭证自动生成 [J]. 中国管理信息化，2006（09）.

李宗祥、王志亮（2008）① 针对会计信息不对称问题指出，传统的信息不对称理论及其治理措施可有效缓解会计信息的不对称问题，但大量实例证明其存在一定的局限性，会计信息供求者之间的博弈还将持续下去。作者认为可从理论上建立一种基于 REA 模型、XBRL 技术并具有完善的数据接口体系的会计信息系统，以期进一步缓解目前乃至未来相当长时期内仍将存在的会计信息不对称问题。

　　蒋楠（2007）② 在对事项会计、数据库会计、REA 会计进行比较研究的基础上，提出基于 REA 模型的 AIS，IT 技术的发展为基于 REA 模型开发信息系统提供充分保证。虽然 REA 模型还有许多亟待改进的地方，但随着网络技术与数据库技术的逐步发展与成熟，这些问题将渐渐得到解决。届时，整个经济社会将变成一个巨大的价值网络，全维度的 REA 模型必然登上历史舞台，也必将成为未来 AIS 系统和企业信息系统设计、开发应用的主流。

3.4.3　国内外研究评论

　　根据以上文献可以看出，REA 模型在提出后经过国内外会计界学者不同视角的扩展研究，理论日趋完善。然而关于 REA 模型的研究存在如下不足之处。

　　第一，相对于国外的研究，我国理论界对 REA 模型研究的内容与方法单一、创新性不足。我国对 REA 模型的研究集中于论述模型的优点，大多数学者认为 REA 模型显示了未来会计模型的发展方向。但是，国内学者从 REA 基本理论角度对模型进行扩展的研究不足，没有对 REA 模型进行方法与实例方面的研究。国内研究成果中一般性介绍与简单重复的现象非常普遍，研究内容与角度的创新性严重不足。

　　第二，对 REA 模型的扩展研究没有充分考虑信息化环境对信息系统建模产生的影响。信息化环境是由信息资源主体、信息资源客体、信息资源主客体间的联系桥梁所构成的，更是复杂的、人机和谐的信息资源利用平台。③

　　在信息化环境下，信息系统的集成模式已由传统的面向部门应用的集成

---

　　① 李宗洋，王志亮. 基于 REA – XBRL 和数据接口技术的会计信息质量改善研究［J］. 中国管理信息化，2008（11）.
　　② 蒋楠. 事项会计、数据库会计、REA 会计的比较研究［J］. 财会通讯，2007（01）.
　　③ 定义详见 1.5.

转变成企业级和企业间的集成，这种集成要求实现业务过程和控制过程在信息化平台上的集成。控制和审计活动在信息化环境下成为贯穿软件生命周期全过程的重要因素。麦卡锡等人虽然在 REA 模型内通过实体以及实体间的关系展示了部分控制和审计的思想与逻辑，但对其描述散乱，无法体现控制和审计要素在信息化环境下对会计信息系统建模的重要影响。

第三，由于 REA 及其扩展模型中没有全面考虑业务过程、信息处理与报告过程的风险，因而 REA 模型及其扩展研究均没有将控制要素纳入其中，更没有包含审计要素。在风险导向审计的理论与实务要求下构建 REACA 模型（即基于风险管理思想，整合控制和审计要素的 REA 模型），是 REA 模型浩瀚理论研究中的"研究黑洞"。本书正是以此为切入点展开对本课题的研究。

4

REACA 模型的基本理论

本章阐述 REACA 模型的基本理论体系,该理论体系是在第 2 章有关基础理论指导之下,借鉴 REA 模型的建模理念而形成。考虑目前企业对内部控制实施和在信息化环境下提高审计业务质量的需求,本章在原 REA 框架基础上加入控制要素 C 和审计要素 A,并与 REA 模型中原有的三要素:资源、事件和参与者进行有机整合,形成 REACA 扩展模型。通过对该模型逻辑建模过程中的规律、规则、经验等进行抽象、概括、总结,构建了 REACA 扩展模型的理论框架。该理论框架包括 REACA 模型的定义和相关概念、REACA 模型基本架构及其要素分析、REACA 模型的特点、REACA 模型的可行性和必要性分析,以及 REACA 模型对 REA 本体的扩展等内容。本理论框架为控制和审计要素在信息系统中的嵌入提供一个可行的参考模型。

4.1 REACA 模型的基本架构

本节阐述 REACA 模型的基本含义和相关的重要概念,研究 REACA 模型的基本架构。其中,REACA 模型的基本架构是描述 REACA 逻辑建模的切入点、抽象过程和落脚点,其涉及 REACA 基本架构的结构图、图中各子结构的重要含义及各子结构之间的重要关系说明。以上三点的阐述为下文 REACA 模型的具体特点分析奠定基础,为 REACA 模型的可行性分析提供分析视角,也为 REACA 模型中的控制要素分析和审计要素分析提供依据。

4.1.1 REACA 模型的含义

REACA 模型是在信息化环境下对 REA 模型的扩展,是在 REA 模型中加入内部控制和审计两个要素。其中 REA 是信息化环境下对会计信息系统进行业务建模的模型,目标是实现信息化环境下会计业务一体化;C 和 A 分别是信息化环境下会计信息系统的内部控制和审计要素,目标是实现业务过程同控制过程、审计过程的集成。因此,REACA 模型可以用公式形象地表示为:REACA 模型 = REA 模型 + C(控制)＋A(审计)。

REACA 模型研究的目标在于研究信息化环境下会计信息系统的逻辑建模策略和机制。经济和社会变革赋予企业新的组织形式和管理需求,而信息化环境为这种需求提供技术保障。业务过程、控制和审计过程在信息化环境下拥有新的内涵,业务过程同控制过程、审计过程的整合是现代企业管理的现实要求。AIS 作为对企业业务活动的反映和集成，必须根据这一要求适时调整。REACA 模型继承 REA 模型逻辑建模的特征，把逻辑建模的关注焦点放在企业业务过程的决定性因素上，即决定价值变化的事件、资源的流入和流出以及事件的参与者上，同时又对 REA 模型有所发展，将对业务过程的控制、对信息系统的控制和对控制规则的审计加入其中。概括而言，REACA 模型提供一种对业务过程、控制过程和审计过程进行集成化建模的策略以及信息化环境下将控制、审计嵌入业务过程和信息系统的建模机制。

在 REACA 模型框架下建立 AIS 的逻辑模型时，要以软件工程和内控工程为指导，依照工程学的思维方法与技术方法，按照生命周期等理论要求，从业务事件、资源、参与者、控制和审计五个方面进行系统分析，在此基础上建立会计信息系统的逻辑模型。REACA 模型逻辑建模的详细论述见第 5 章。

4.1.2 REACA 模型的要素

REACA 模型是 REA 模型的扩展，因此 REACA 模型中资源、事件、参与者三要素的基本定义源于 REA 模型，但本书对其做了一些修订。下面就资源、事件、参与者、控制、审计五个要素分别加以阐述。

(1) 资源

REACA 模型中的资源是指企业拥有或控制的、有价值的对象实体，具有如下特征。

第一，REACA 模型中的资源包括有形资源和无形资源。

在知识经济时代，专利技术、品牌价值、流通渠道、客户关系、人力资源等没有实物形态的资源价值在企业价值中所占的比重日益加大。企业最重要的资源不再仅是传统意义上的有形资源，还包括诸如知识资本、人力资本，以及上文提到的各种无形资源。

第二，REACA 模型中的资源不包括"请求权"[①] 等可推导出的资源。

与财务会计对资产的定义相区别，作为模型基本元素的资源不包括能由其他元素计算产生的资源。比如应收账款，它是由销售业务与收款业务两个事件在时间上的差异所形成的，由于销售业务与收款业务的数据已经存储在

---

① 请求权（claim）是由井尻雄士（1975）提出的，他将请求权称为未来的资产，是由于企业二元关系的不平衡产生的，如资源应流入流出与实际流入流出之差，即：获得对某项资源的控制是以某项资源的流出为代价；现在放弃对某项资源的控制，会获得将来某项资源的流入。

数据库中，因而计算应收账款所需要的全部信息都可以从这两个事件存储的信息中获得，其金额可以通过销售额与收款额的差额计算而得，因此应收账款不是模型的基本元素。在对系统建模时，模型中不包含应收账款等类似的资产。

第三，在系统的逻辑模型设计时需要对其属性进行定义。

在信息系统中，由于一个事物的特征可能表现在多个方面，因而需要使用多个属性及相应的属性值来描述。在系统分析阶段进行资源的数据属性分析对于系统设计阶段数据表的建立非常重要。资源的属性，比如对特定存货的产品规格说明、再订货点、经济订货量等属性，可以体现并规范企业对特定资源的管理要求。

（2）事件

REACA 模型中的事件是指对资源变动产生影响的相关活动，例如组织中的生产、交换、分配等活动。事件是利用 REACA 模型分析和设计会计信息系统时的关键要素，因此利用 REACA 模型采集事件数据时应尽可能详尽，从而使系统能够提供全面细致的信息。在 REACA 模型中，事件可以分为三类：业务事件、信息事件和决策管理事件。三类事件的具体界定及相互关系辨析详见本章后续节次 "4.1.3 REACA 模型的框架结构"。

（3）参与者

REACA 模型中的参与者是指参与事件的个人或单位，具体包括销售、采购部门及其相关人员和其他员工，以及外部参与者如股东、银行、顾客、供应商等。在实际应用中参与者也可以是计算机系统。参与者既包括组织内部的参与者，也包括组织外部的参与者。在 REACA 模型中参与者体现对业务事件的责任单元。

组织收集与参与者相关的数据，目的是为更好地计划、控制和评价参与者的基本活动，这类信息可以帮助管理者考核职员的业绩、掌握往来客户的交易情况和了解有关方面的反应等。

（4）控制

控制是管理学中的重要概念，管理学中的控制指的是按照既定的目标和标准，对组织的业务过程进行监督、测量、发现偏差、分析原因并采取一定措施使组织活动符合既定要求的管理活动。简言之，控制是引导一个动态系统达成预定状态的管理活动。

REACA 模型中的控制要素是指在信息化环境下对业务过程进行监督、检查，并发现和纠正差错，以使组织活动符合既定要求的一系列活动的总称，它是控制理论与方法的数字化、程序化和规则化。在信息化环境下，组织的大量控制活动被纳入信息系统中，以计算机可识别的数字符号形式，按照预定的处理程序和流程，依照特定的控制规则管理业务活动。在建模过程中，控制具体体现为若干控制规则的嵌入。

REACA 模型的控制要素主要包括业务活动控制和信息系统控制。业务活动控制是为达到营运的效率效果、财务报告的可靠性和相关法令的遵循性等目标而提供控制过程。业务活动控制的目标和对象同传统业务控制的目标和对象是一致的，同 COSO 控制模型的内涵相对应。信息系统控制是为达到会计信息的有效性、高效性、机密性、完整性、可用性、符合性和信息可靠性目标而采取的控制措施。信息系统控制的目标和对象同 COBIT 控制模型的内涵相对应。

会计信息系统的广泛应用实现了手工业务的自动化，并提高了工作效率，但也带来了与手工环境不同来源、不同性质的风险，从而对企业内部控制造成多种影响。可以说企业除了传统意义上的经营风险、控制风险和财务风险之外，与信息系统的安全性、可靠性相关的信息和信息系统风险日益增长。很多企业在进行会计信息系统建设过程中常常忽视信息系统内部控制建设，容易导致会计信息毁损、失窃和失真，以及非法访问、未经授权拷贝、黑客和病毒入侵等违规现象，从而使会计信息系统受到严重损害。因此在对会计信息系统建模过程中，就应考虑对控制要素的建模，也就是从需求分析阶段就要重视会计信息系统的控制建模。

为使 REACA 模型中控制要素含义的阐述更加清晰，需要明确模型中控制要素与内部控制的关系。内部控制是指为确保实现企业目标而实施的程序和政策，包括内部控制环境、风险评估、内部控制活动、内部控制的信息及其沟通、对内部控制的监督五个要素[①]。REACA 模型中的控制与内部控制的关系是：模型中的控制是业务事件有关的内部控制规则在会计信息系统中的具体的、数字化的表现。在建模过程中与业务事件有关的内部控制的具体规则构成 REACA 模型中控制要素需求分析的重要内容之一。

---

① 参见《中国人民银行分支机构内部控制指引》。

关于 REACA 模型中控制要素的详细内容见本章第 3 节。

(5) 审计

审计是管理学中的另一个重要概念。审计是指按照既定的目标和标准对组织经济行为及经济现象结论和所制定标准之间的一致程度进行审查的收集、评定，并将结果传达给利害关系人的系统的过程。

审计按照主体不同可以分为政府审计、注册会计师审计和内部审计。

政府审计是指由政府审计机关和政府审计人员依法对国务院各部门和地方各级人民政府、国家财政金融机构、国有企事业单位以及其他国有资产单位的财政、财务收支及其经济效益等进行审计监督。

注册会计师审计也称社会审计，是由独立的专职机构或人员接受委托或授权，对被审计单位特定时期的财务报告及其他有关资料的客观性、公允性以及经济活动的合法性、合规性和效益性进行评价和鉴证的活动，包括财务报表审计（对财务报表发表审计意见）、经营审计（评价经营活动的效率和效果）和合规性审计（确定企业是否遵循了特定的法律、法规、程序或规则）。

内部审计是由本部门和本企业内部独立于财会部门之外专职的审计机构或人员实施的审计，其主要目的是纠错防弊，以改善经营管理，提高经济效益。

从上述内部审计的定义可以看出，内部审计是企业内部控制的一个重要组成部分。它是一个企业内部经济活动和管理制度是否合规、合理和有效的独立评价机制，是对其他内部控制包括内部会计控制的再控制。审计既是一种特殊的控制方式，又是对业务过程的发生情况和控制程序的实施情况进行连续监督的重要手段。因此，内部审计也可以看作是内部控制的一种特殊形式。其特殊性在于：首先，内部审计与内部控制共同构成保障经济行为与预定标准相一致的重要措施；其次，审计的独立性是审计工作价值的根本要求，虽然内部审计是内部控制的一种形式，但却是一个独立的系统性过程，有其独特而科学严谨的理论和方法。

在信息化环境下，内部控制和内部审计这种关系依然存在。在企业对业务的传统控制活动逐渐被嵌入计算机程序后，业务控制的有效性依赖于信息系统的安全性、可靠性和有效性。而信息系统的安全性、可靠性和有效性取决于信息系统的控制及其执行是否健全有效。因此，会计信息化除了需要建立健全信息系统控制之外，通过审计活动审查与评价信息系统的内部控制建设及其执行情况并提出审计建议也是确保信息系统安全、可靠、有效和高效运行的重要措施。通过审计活动可以发现信息系统本身及其控制环节的不足之处，并及时改进与完善，使信息系统在企业的经营管理中有效发挥作用。①

审计要素要求在信息系统分析的建模阶段考虑有关审计线索的预留。在信息化环境下，微观经济运行的轨迹很大程度上反映和存储在以数据库和文件构成的数字介质上，这一信息处理方式和存储模式的改变对会计信息系统的设计提出了新的要求，即在信息系统分析和设计初期就要考虑相关的控制和审计需求，需要提供标准的数据接口，在系统开发时为日后审计工作预留审计线索。这样，在系统实施运行过程中，会计系统的数据才能够快速通过标准接口进入审计系统，解决计算机审计系统中输入瓶颈问题，并保证审计人员能追踪到审计线索。

REACA 模型的审计要素是对控制规则的审计，其目标是确保和审查控制要素有效执行情况，并将结果传达给相关使用人，包括对业务控制活动审计线索的预留和对信息系统控制的审计活动。通过对审计要素建模，可以确保和审查内部控制机制的有效执行情况，以达到对会计信息系统安全、可靠、有效和高效的应用。同时在对审计要素的建模过程中还可以发现控制要素建模的不足，以便及时改进与完善，使会计信息系统逻辑模型达到预期的目标。

REACA 模型中审计要素与控制要素的关系可以用内部审计与内部控制的关系相类比。在信息化环境下，会计信息系统不仅要实现对业务活动的数字化、程序化和规则化控制，而且要对这种数字化、程序化和规则化控制的有效性进行监督，以保障信息系统能够运行正常，能够完成既定控制目标，也可保证系统产生的信息真实、完整、可靠。

关于 REACA 模型中审计要素的详细内容见本章第 4 节。

4.1.3　REACA 模型的框架结构

REACA 模型的框架结构是从企业经营管控目标和需求出发，考虑企业的信息系统目标和需求，结合企业的各类原始过程，以业务过程中的业务活动为切入点，进行 REACA 逻辑建模，并构建 REACA 的信息系统 IT 支持平台。

REACA 模型的框架结构如图 4-1 所示。

---

① 杨周南. 论管理信息化的 ISCA 模型［J］. 会计研究，2003（10）.

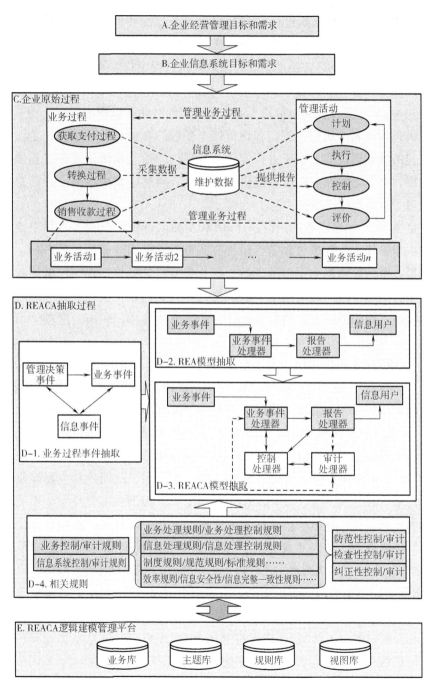

图 4 – 1 REACA 模型框架结构

图中，"C. 企业原始过程"包括原始业务过程和管理活动。其中，企业的原始业务过程大致可抽象为三类：获取支付过程（获取和维护组织所需的资源，并支付货款）、转换过程（将获取支付过程中获取的资源转换为客户需要的商品和服务）和销售收款过程（向客户销售和交付商品及服务，并收取货款），每个业务过程又包括若干业务活动。针对业务过程的管理活动一般意义上讲包括计划、执行、控制和评价四个阶段。在信息化环境下，企业对业务过程的管理通过信息系统进行连接和实现，即信息系统从业务过程采集业务数据，并根据管理活动需要提供相应报告，当然这其中也离不开信息系统本身对于基本数据的维护。

借鉴 REA 的建模思路，将"D. REACA 抽取过程"从业务过程中抽象出管理决策事件、业务事件和信息事件三类事件，借助业务事件处理器、控制处理器、审计处理器和报告处理器，将业务事件的处理、控制、审计和报告进行整合，结合嵌入各类规则，以最终实现企业的经营管控目标和需求。其中，需嵌入的规则一方面抽象自企业的各类原始过程，另一方面基于信息系统的现实需要。

"E. REACA 逻辑建模管理平台"是在 REACA 逻辑建模阶段，考虑借鉴 Power Desinger 建模工具中面向对象（DFD 图、ER 图等）的数据库管理思想，借助数据字典管理建模对象的管理方式，构建 REACA 逻辑建模管理平台。在 REACA 逻辑建模管理平台描绘 REACA 模型图的同时，将其各内涵要素分别作为对象进行数据库存储和管理。REACA 模型中业务事件、资源和参与者及其相互之间的关系存储于管理平台的"业务库"中，从而建立主要存储业务相关的基本数据和交易数据的数据结构；REACA 模型中审计要素必要的审计字段和日志文件也存储于该数据库中。对于业务控制规则中能够数量化和标准化的各类规则，以及不能量化和不能标准化的控制点存储于管理平台的"规则库"中，当然规则库中还可以考虑存储一些信息系统控制规则，以便支撑 REACA 模型中控制要素的整体抽取。除此之外，REACA 逻辑建模管理平台还可建立基于业务库的主题库（主要存储各类主题）和视图库（主要存储各类相对固定的视图结构），以保证基于 REACA 模型的信息系统能够高效地满足信息用户的各类需求。REACA 逻辑建模管理平台不仅能对 REACA 模型的各种要素进行数据库管理，而且还能支持 REACA 模型向基于具体数据库管理系统的物理模型的转换，以及由物理模型向物理数据库的自动转换，并能输出逻辑建模阶段、物理建模阶段的相关文档，并可创建物理数据库的 SQL 语句文档。如此一来，REACA 逻辑建模管理平台对于业务过程变化的维护就变得简单起来，而且能够保证逻辑建模阶段、物理建模阶段和物理数据库实施阶段的同步变化，从而强有力地支撑基于 REACA 模型的信息系统的物理实现。

下文就 REACA 模型框架结构图中最核心的部分"REACA 的抽取过程"，分三个步骤进行详细阐述。

（1）业务过程事件抽取

在企业生产经营过程中，业务活动、信息活动和管理决策活动可能相伴而生，但为了信息系统逻辑建模需要，特将业务活动独立出来称之为业务事件，将信息活动独立出来称之为信息事件，将管理决策活动独立处理称之为管理决策事件。下文将详细界定这三类事件，并辨析三类事件之间的触发关系。

①业务事件。业务事件是指企业业务过程中发生的、参与者参与的、影响企业资源数量或状态的单个业务活动，是构成业务过程的基本单元。其中，企业资源是指企业在向社会提供产品或服务的过程中所拥有、控制，或可以利用的、能够帮助实现企业经营目标的各种生产要素的集合，如企业中的各类存货、现金、人力等。获取支付过程会使得企业的材料存货资源增加，现金资源减少；转换过程能将企业获取的材料存货资源转换成为顾客所需要的商品资源；销售收款过程会使商品资源减少，现金资源增加。

②信息事件。企业信息过程伴随并嵌入在企业的业务过程、控制过程和审计过程之中，由一系列信息事件组成。信息事件是指在企业信息过程中发生的信息采集、信息维护和信息报告事件。

信息采集事件是对业务事件相关信息进行记录、处理和存储的事件，主要针对企业的交易数据，如请购事件的相关信息有<u>请购单号</u>（下划线表示关系中的主键，下文同）、[存货控制人员代码]（中括号表示关系中的外键，下文同）、日期、时间、备注、各种存货项目代码及数量等。

信息维护事件是指对企业业务事件涉及的重要参考数据及企业基础数据的记录和存储的事件。维护事件主要针对相对固定的存储文件，如主题库、视图库、规则库，以及业务库中存储企业资源、参与者等基础信息的文件。其中，参与者运货商的基础信息可能有<u>运货商号</u>、运货商名、地址、邮编、电话、联系人、网址等。维护事件不仅可能被业务事件和决策管理事件触发（详见下文对于三类事件之间关系的描述），还可能被各类需求和规则的变化触发。如某超市需要分析不同年龄段客户的需求，则会触发对客户表结构修改的维护事件，在客户表结构中增加"年龄"或"出生日期"字段；再如新企业会计准则的发布，将会触发对于科目表的维护事件，以及对于会计业务处理规则表的维护事件。

当然，维护事件还发生在信息系统正式启用之前，用以输入和存储企业的基础信息，如企业的基本信息及其组织结构、存货、固定资产、客户、供应商等信息系统启用必备的信息。

信息报告事件是指通过基于 REACA 的信息系统生成各类信息和报告的事件。报告事件又分为固定报告事件和随机报告事件。

固定报告事件根据企业的管控需求自动产生，此类报告事件需要视图库和规则库的详细信息支持。如装运事件发生后自动产生一张销售发票和一张反映销售的凭证等，销售发票和凭证的格式及内容相对固定，需要事先在视图库中定义，而销售凭证的借贷方科目则需要事先在规则库中定义。

随机报告事件根据信息用户的随机需求生成，此类报告事件不需要视图库的支撑，只需要在应用程序中定义基本的显示格式即可，如果用户认为该格式有保存的必要，也可以将其保存在视图库中。如对于从客户订货的装运时间分析、不同地区的销售情况对比分析等随机报告事件。

③管理决策事件。管理决策事件是指管理者或其他人在企业生产经营中的管理活动和决策活动。其中，管理活动是指对企业的生产经营活动进行组织、计划、指挥、监督和调节等一系列职能的总称。企业中的管理活动主要包括计划管理、生产管理、物资管理、质量管理、成本管理、财务管理、劳动人事管理等七个主要方面。

具备监督职能的管理活动称之为控制活动，它是指根据企业经营目标、计划、规范和经济原则，对企业的实际经营活动及其成果进行监督、检查和分析，纠正计划执行中的偏差，确保计划目标实现的一系列活动，其目标在于降低或消除风险，即降低或消除导致组织或机构发生损失的可能性。鉴于控制活动在企业的生产经营和管理活动中地位重要性日益提高，在信息系统逻辑建模阶段中，特别将控制要素独立出来，与管理活动相区别，以最大限度地防范、检查和纠正业务风险和信息系统风险。管理活动是界定企业中常规和非常规的业务流程，如某高校内对差旅费报销的管理，规定其常规的报销流程为出差人填制报销单、所长或系主任签字、负责财务的副院长签字、持正规相关发票到学校财务处核销借款或领取垫付的差旅费，对于超标的非常规的处理方案为需要更高层的相关领导核准并报销相应比例（如20%）。控制活动则是指对差旅费报销过程中可能发生的风险予以防范、识别和纠正，如学院规定报销参加学术会议的差旅费之前，必须上交学术会议资料，公开报告学术会议成果，并要求听众签字，以防有人将个人出游的差旅费假冒学术会议的名义进行报销，此类控制活动属于防范性控制；再如学校要求乘火车6小时以下不得购买卧铺，到学校财务处报销时由单据录入人员目测或由信息系统自动检测该次报销是否违反此规则，此类控制属于识别性控制或称为检查性控制；此外，财务处单据录入人员在计算补助天数时，未能剔除开会的天数，多计算补助而被审计人员发现，审计人员要求录入人员予以更正，此类控制属于纠正性控制。当然，业务流程本身也具备一定的控制功能。

审计活动，是指为了保证业务目标和控制目标的实现，对业务活动和控制活动进行检查、评价和报告的活动。与业务控制和信息系统控制相对应，审计活动分为对业务控制的审计和对信息系统控制的审计。审计的方式主要有实时审计和预留审计线索两种。实时审计可以理解为控制过程中，内审人员对业务处理规则、业务控制规则、业务信息处理规则、业务信息报告规则、制度规则、规范规则、标准规则，效率规则、信息安全性规则及信息完整一致性规则的执行情况进行人机系统地实时检查，并对未能遵循相关规则的业务做出实时反应和处理。预留审计线索是根据企业内部审计目标和需求，对业务活动和控制活动进行恰当的日志记录，在业务发生的同时采集审计证据，以便日后审计之用。

④三类事件之间的触发关系辨析。管理决策事件定义并常常触发业务事件。首先，管理决策事件定义业务事件，如某企业通过企业合并增加了新的经营业务，其转换过程中的业务事件将随之而变；再如，伴随煤炭资源的日益紧俏，煤炭产品供不应求，某煤炭企业决定将原来的先发货后收款的销售政策改为先收款后发货的销售政策，此管理决策事件将改变业务事件的发生顺序。其次，管理决策事件常常触发业务事件，如企业决定扩大生产经营规模，便会触发获取支付过程中的一系列业务事件，业务事件有申购、审批、订购、验收、付款等；再如，企业决定开拓新的市场，便会触发新的营销

事件。

业务事件可能触发信息事件中的采集和维护事件。如当企业收到一位新客户的订单，既要触发采集事件，采集该"收到客户订单"事件的交易数据（如销售订单号、[销售雇员号]、[客户号]、日期、时间、订货地点、订货方式、商品号、商品数量等），又要触发维护事件，维护与该"收到客户订单"事件相关的非交易数据（如客户号、姓名、地址、电话、出生日期、信用评级、信用额度等）。

管理决策事件可能触发信息事件中的维护事件和报告事件。首先管理决策事件可能触发维护事件，如企业发现目前的供应商信誉下降，濒临倒闭，决定更换供应商，将会触发信息事件中的维护事件，维护供应商的基础信息，包括供应商代码、供应商名称、地址、邮编、电话、联系人、网址，及其供应的存货种类和基准价格等信息。其次是管理决策事件可能触发报告事件，如企业的销售经理想要查看本月的销售情况和下月的预计销售情况，则会触发信息事件中的报告事件，向销售经理展现销售月报和销售预测报告。

信息事件中的报告事件可能触发管理决策事件，也可能触发业务事件。首先报告事件可能触发管理决策事件，如未来五年的销售预测报告表明，某产品的销售价格急剧下降，其市场份额急剧萎缩，导致企业决定停产该产品。其次是报告事件可能触发业务事件，如信息系统自动产生的缺货报告可能触发订购事件。

（2）REA 模型的抽取

根据 REA 建模思想，REA 模型的抽取过程如下：当业务事件发生时，经由业务事件处理器，借助业务处理规则、信息处理规则中的采集规则和维护规则，将业务数据存储于业务数据库中，当企业范围内的信息用户有需要时，通过报告处理器（报告工具）借助信息处理规则中的报告规则向信息用户提供有用的信息。

（3）REACA 模型的抽取

该抽取过程借鉴了对 REA 逻辑建模过程中的规律、规则、经验等进行抽象、概括和总结的方法，并在此基础上凸出对控制要素 C 和审计要素 A 的抽取。本部分内容重点在于各处理器的功能界定和相互关系辨析。

①业务事件处理器。对业务发生时的业务事件数据进行采集，维护业务事件所涉及的重要资源、参与者的信息，遵循业务处理规则和业务信息处理

规则。

业务处理规则是业务发生的正常执行顺序或一般执行顺序，如企业销售收款过程中的业务处理规则为企业先有针对性地进行营销，参与营销活动的客户对商品产生了兴趣和需求而订购商品，企业确认订单（会计同时确认销售，即销售收入、应交税费的增加和应收账款的增加，及商品资源的减少和销售成本的增加）后对货物进行包装，之后寻找合适的装运公司进行装运，也就是发货，待收到客户所支付的款项后确认现金资源的增加（会计同时确认应收账款的减少和银行存款的增加）。

业务信息处理规则是指信息采集、维护和报告过程中所需要遵循的一系列规则，业务事件处理器中仅涉及前两者，报告规则在报告处理器中执行。采集和维护过程仅仅是对象不同，都要经过输入、处理和存储三个阶段。采集的是业务事件的相关数据和信息，如客户订购产品事件发生时，要采集<u>销售订单号</u>、［销售雇员号］、［客户号］、日期、时间、订单有效日期、订货地点、订货方式等；维护的是业务事件中涉及的资源或参与者的变化，如参加此次产品订购事件的客户是一个新客户，需要维护该客户的相关信息，如<u>客户号</u>、姓名、地址、邮编、电话、信用评级和信用额度等信息。

尽管信息采集和维护的对象不同，但都面临数据输入阶段、处理阶段和存储阶段的类似风险，因此需要采取相应的控制措施以降低风险，减少损失（控制措施详见控制处理器部分）。

②报告处理器。报告处理器，被业务事件处理器、控制处理器及审计处理器触发而生成业务报告、控制报告和审计报告，或根据信息用户的需求构建其需要的信息视图和管理决策支持报告，以满足财务会计、管理会计、财务分析和管理、战略管理等不同领域和业务、控制、审计、管理决策支持等不同层次的需求。

报告处理器定义、执行业务信息报告规则，以满足各类信息视图需求。如应收账款的期末余额通过销售表中记录的收入合计 175 万元和收款表中记录的现金收入合计 100 万元相减计算而得，为 75 万元。

与信息采集和维护过程面临输入、处理和存储风险相似，业务信息报告过程也面临着传输和报告风险，因此需要采取相应的控制措施以降低传输和报告风险，减少损失（控制措施详见控制处理器部分）。

③控制处理器。控制处理器定义、执行、检查业务控制规则，即对业务

发生时可能面临的风险设置控制点、定义控制规则、执行控制程序，以保证业务发生的正确性，从而降低业务执行的风险、减少异常业务给企业带来的损失。如销售人员不能跨区营销、采购人员不能采购自己权限之外的存货等。

控制处理器定义、执行、检查业务信息处理控制规则，即对业务信息处理过程中可能面临的风险进行控制，以保证合理合法的经济业务数据正确采集和安全存储，不被非法授权的用户访问、修改及控制，遵循制度规则、规范规则和标准规则，以及信息安全性规则等；保证信息资源的效率和完整一致性，遵循信息安全性规则和信息完整一致性规则等。

除此之外，控制处理器还定义、执行、检查业务信息传输和报告控制规则，以保证信息输出和传输的正确性以及确保输出信息只能提供给合法用户（经过授权）。

上述信息输入、信息处理、信息存储、信息传输和信息报告过程中涉及不同层面的规则，如制度层面的规则、规范层面的规则、标准层面的规则以及客观规则等。各类规则的具体界定详见本章第 4 节中"控制的依据"部分。

④审计处理器。一方面，企业内审人员借助 REACA 模型中的审计处理器，进行网络实时审计，监督相关控制规则的执行情况；另一方面，审计处理器根据企业内部审计的目标和需求，对业务活动和信息系统活动进行恰当的日志记录，在业务发生的同时采集审计证据、预留审计线索，以便日后内部审计之用。当然，所采集的审计证据也可以为外部审计服务。

与防范性控制、检查性控制和纠正性控制相类似，审计处理器可以进行事前审计、事中审计和事后审计。

⑤各处理器之间的关系辨析。各处理器之间的关系表现如下。

第一，业务事件处理器触发控制处理器，控制处理器保证业务事件处理器的正确处理。

第二，控制处理器触发审计处理器（逻辑上），审计处理器保证与监督控制处理器的正确处理。

第三，业务事件处理器触发审计处理器（实质上），审计处理器监督业务事件处理器的正确处理。

第四，报告处理器触发控制处理器（逻辑上），控制处理器保证报告处理器的正确处理。

第五，报告处理器触发审计处理器（实质上），审计处理器监督报告处理器的正确处理。

第六，业务事件处理器触发报告处理器，自动形成业务报告。

第七，控制处理器触发报告处理器，自动形成控制报告。

第八，审计处理器触发报告处理器，自动形成审计报告。

第九，信息用户可以从报告处理器获得业务报告、控制报告和审计报告，以及操作和管理决策支持报告。

第十，业务事件处理器（采集和维护）和报告处理器（报告）共同完成信息事件，即记录事件（记录业务事件相关的数据）、维护事件（维护与业务事件相关的重要资源和参与者的变动）和报告事件（根据信息用户的需求生成其需要的信息视图及相应报告）。

第十一，业务事件处理器、控制处理器、审计处理器中各类规则的有效执行，能保证业务事件的正确发生、正确处理及其信息的正确存储；报告处理器中相应规则的有效执行，能保证业务事件信息的正确传输和正确使用。

4.2　REACA 模型的特点

REACA 模型源自 REA 模型并对 REA 模型进行扩展，因此它继承并拓展 REA 模型的数据库导向、语义导向、结构化导向等特征。不仅如此，REACA 模型的特性还与 REACA 模型基本架构体系密切相关，凸显控制要素和审计要素的重要性，具体包括支持若干应用集成、支持基于语义的数据集成、支持控制要素与审计要素的嵌入、支持业务事件驱动模式等有别于 REA 模型的新的技术特征。对 REACA 模型特性的详细分析和理性认识有利于对 REACA 逻辑建模方法进行客观评价、比较选择和实践应用。

4.2.1　REACA 模型具有集成的特性

REACA 模型体现集成技术的应用，实现如下五个方面的集成。

（1）业务过程与管理活动的集成

业务过程与管理活动的集成是指 REACA 模型实现将业务过程与管理活动结合起来进行需求分析的逻辑建模思路。管理活动是指保证企业运作的一切管理手段和活动过程的总称，包括计划、组织、指导、协调和控制。

REACA 模型在逻辑建模过程中，以业务事件为中心对企业的业务过程进行建模。业务事件对应于信息系统的数据结构和数据，信息事件则对应于信息系统的功能，管理决策事件对应于对信息系统的需求，因而在 REACA 模型下进行需求分析时不单考虑业务过程的需要，而且同时考虑管理决策活动的需求，实现业务过程与管理活动的集成。以此为基础构建的会计信息系统将避免错误和舞弊情况的发生，降低系统风险，提高系统效能。

（2）控制活动与审计活动的集成

控制活动与审计活动的集成是指 REACA 模型实现将审计活动融入业务过程和控制过程之中，从而使审计活动的时点提前，改变原有的事后审计模式，形成以事中审计、实时审计为主的审计模式。

控制活动与审计活动的集成有利于内部审计职能的实现。近年来，随着管理控制理念和电子信息产业的发展，内部审计协会努力倡导内部审计的新理念，推动内部审计全面转型，如"内部审计是控制系统的组成部分""内部审计是对内控能力的审计"等基本理念。内部审计已成为不断优化组织治理的手段更是内部控制和风险管理的连接器、协调器和推进器，而并非单纯对经济业务数据的事后监督。

（3）信息过程与处理过程的集成

信息过程与处理过程的集成是指在处理业务的同时进行信息的采集、处理、存储和传输。业务处理过程自动触发相应的信息过程，并利用信息技术在业务发生时记录数据和存储数据；反之，触发的信息过程对业务处理进行反馈和干预，部分实现对业务处理过程的控制职能。

信息过程与处理过程的集成有效地提高信息采集的实时性，同时有助于提高业务过程与信息过程数据的一致性。

（4）信息处理与实时控制的集成

信息处理与实时控制的集成是指在对业务进行信息处理过程中触发实时控制。传统输出视角的逻辑建模方法，以几张会计报表为最终目标来进行系统建模，因此其信息处理基本上与企业的业务活动及其控制活动相分离，只能对业务和控制活动进行部分的事后反映，有关的数据不能得到实时记录、处理和传递。信息处理与实时控制的集成将大幅降低组织运营成本，促进业务过程和信息过程的改造和优化，使管理者和其他决策者的注意力更多地转向灵活多变的、纷繁复杂的决策任务。

(5) 财务信息与非财务信息的集成

财务信息与非财务信息的集成是指在业务发生时采集与业务活动有关的信息，包括财务信息和非财务信息，而不是人为地将财务信息和非财务信息加以分割。在传统面向输出视角的信息系统体系结构中，当业务事件发生时，将财务信息和非财务信息加以甄别，然后分别存储在会计信息系统和企业的其他业务系统中，数据分散存储于多个低耦合的系统中，形成信息孤岛，并导致数据重复、冗余和不一致。

以 REACA 模型为基础构建的信息系统支持所有业务数据的集成，将组织中所有与业务相关的数据集中存储在一个逻辑数据库中，用一个集成的数据库来支持所有的用户视图，包括财务信息需求视图与非财务信息需求视图，这样可以有效减少数据重复，消除数据隔阂。

可见，REACA 模型具有集成的特性，该模型实现业务过程与管理活动的集成、控制活动与审计活动的集成、信息过程与处理过程的集成、信息处理与实时控制的集成、财务信息与非财务信息的集成。这五个方面是 REACA 模型集成化特性的具体体现，下文将进一步剖析 REACA 模型具有上述集成特征的本质原因。

4.2.2 REACA 模型支持基于语义的数据集成

数据集成是指把不同来源、格式、特点、性质的数据在逻辑上或物理上有机地集成，从而为企业提供全面的数据共享。会计信息系统数据集成的目标是将企业经营中的三大主干流程（业务流程、会计流程、管理流程）有机融合，减少人为干预，实现数出一门、数据共享，从而加强财务对业务的及时反映和监控，减轻财务人员的重复劳动，提高企业管理水平和工作效率，实现财务业务的一体化。

从认知论的角度讲，微观世界可以划分为三种：现实世界、观念世界和数据世界。其中：现实世界是指独立于人的意识而客观存在的物质世界；观念世界是现实世界在人们头脑中的反映；数据世界是观念世界中的信息用文字或符号记录下来，并最终存储在数据库中的数据表现形式。

会计信息系统是利用会计信息化知识，根据一定的表现逻辑规则对现实世界业务活动进行的抽象和模拟，因此会计信息系统可以看作是连接现实世界和数据世界的桥梁，如何保持现实世界与数据世界的描述一致性是数据集成的难点，也是会计信息系统分析工作的重点。

会计信息系统的数据集成方式可以分为两种，一是复制业务数据的集成方式，二是基于语义的一体化数据集成方式。

（1）复制业务数据的集成方式

复制业务数据的集成方式是指通过复制业务数据生成会计数据，它主要利用数据库技术，通过建立数据库来实现数据集成。传统会计信息系统的数据集成方式大多采用复制业务数据的集成方式。

从目前的技术角度看，这种方式具有一定的可操作性，但是由于没能实现在语义上的集成，因此还存在以下两个方面的不足。

第一，受到业务数据复制时间与复制频率的影响，无法保证会计信息的实时性，从而难以发挥会计的实时控制作用。

第二，虽然通过复制实现数据集成，但没有做到业务系统与会计系统间的信息与知识集成。传统数据用户将企业会计信息系统与业务信息系统视为拥有各自独立数据域的系统，将数据分割成财务数据和非财务数据。财务信息和非财务信息共同构成经济业务信息，当经济业务的信息按照不同的标准被分割成两个或多个部分时，所需处理的活动数量迅速增加。用户不仅需要两套记录、维护和报告过程，还需管理这两个独立系统的协调过程，由此极易产生信息的不一致现象。

有鉴于此，在复制业务数据的集成方式下，会计信息系统与业务信息系统是独立运行、独立管理的两个系统。长期以来，由于彼此之间的数据语义不一致，致使财务业务的一体化难以真正实现。两者的数据语义不一致，如不同数据库对同一个属性名的具体含义定义不同，会进一步导致两个信息系统数据库对相同或相关数据的解释和使用不一致，从而大大增加系统集成的难度。

（2）基于语义的一体化数据集成方式

基于语义的一体化数据集成方式，是指在企业全域范围找到统一的语义模型，实现数据全域范围一体化的集成。

随着信息系统科学的发展，人们逐步认识到系统的数据域不是真正独立的，数据时常从一个域流向另一个域，或者是被几个域共享。企业业务数据域与会计数据域相互连接、相互重叠。在利用数据复制实现信息系统集成的方式下，通过数值的交换实现信息传递，由于信息交换的形式与内容不足，因而它不能充分反映现实世界中二者数据关系的本质。只有在企业全域范围找到统一的语义信息模型，才可能实现二者信息的共享，实现系统的一体化集成。①

REACA 模型提供现实世界和数据世界相一致的数据共享策略，即基于语义的一体化的数据集成方式。REACA 模型基于 REA 框架，借用实体关系图作为描述工具。现实世界中的业务事件、业务事件涉及的资源、业务事件的参与者均对应于数据世界中的一张"二维关系表"。现实世界的事件与事件之间、事件与资源之间、事件与参与者之间，以及参与者和参与者之间的相互联系对应于数据世界中"二维关系表"之间的相互联系。现实世界的"客观业务事件"，比如事件在观念世界中抽象为"实体集"，并定义了各种"属性"来描述"实体集"的特征，尤其注重其重要资源和参与者的描述。"一个具体的业务事件"在数据世界被描述成关系表中的"一条记录"，因而数据库是信息系统数据集成的核心。

REACA 模型基于语义一体化的特征，有利于将其作为整个企业信息系统的语义模型。这样，整个企业信息系统的语义模型都统一到 REACA 模型中，整个系统将基于一个统一的数据库，共享统一集成的数据。企业内所有的信息用户都可以根据自己的角色和权限，对系统中的数据进行不同维度的查询和分析，能够较好地解决数据一体化集成问题。

4.2.3   REACA 模型支持控制活动与审计活动的嵌入式建模

控制活动、审计活动的嵌入式建模是指 REACA 模型将控制活动、审计活动整合在业务活动之中，作为一个整体进行信息系统分析与设计，根据业务活动的处理规则、内部控制的相关制度和内部审计的相关要求建立基于 REACA 模型的会计信息系统的逻辑模型。

控制活动与审计活动的嵌入式开发，有以下两方面的理论基础。

一方面，随着信息技术的发展以及企业信息化建设的推进，理论界已经提出控制过程和审计过程嵌入的思想。我国会计信息化第一人杨周南（2003）教授针对我国信息化发展中的问题，指出企业在实施信息化（包括会计信息

---

① 邵建利. 中国企业核算一体化 [M]. 上海：上海财经大学出版社，2008.

化）时，在建立信息系统的同时必须考虑、研究和设计内控过程的嵌入，以实现企业业务流程、会计工作流程、信息流程和内控流程的集成。同时，他指出会计信息化除了需要建立健全信息系统控制之外，通过审计活动审查与评价信息系统的内部控制建设及其执行情况并提出审计建议也是确保信息系统安全、可靠、有效和高效运行的重要措施。

另一方面，业务活动与控制、审计活动本身彼此交融。当业务活动发生时，与业务活动有关的控制活动同时发生，相关的审计线索也随即产生。恰当记录业务过程、控制过程和审计线索的会计信息系统是对业务活动的真实反映。再者，审计活动是控制活动有效性的有力保障，审计线索是否清晰关系到审计工作效率的高低和效果的好坏。审计活动越早发现问题与漏洞，就能越早防微杜渐。因此，如果审计过程能够恰当嵌入，不但可以为日后审计人员开展审计工作、搜集审计证据提供便利，而且有利于及时发现问题，改善审计工作的效率和质量。

4.2.4 REACA 模型支持事件驱动模式

所谓事件驱动模式是指由业务事件驱动信息处理过程，即在业务事件发生的同时，触发信息系统记录和维护该业务活动的相关数据，而由用户的信息需求来触发对业务活动的报告过程。

传统自动化会计信息系统和事件驱动会计信息系统的会计信息获取方式的对比如图 4-2、图 4-3① 所示。从图中可见，传统自动化系统中，业务执行处理系统和会计信息系统是两个相对独立运行的系统，业务发生后，会计信息系统通过一定的接口从业务系统获取与财务有关的数据，按照会计准则和制度的规定对这些数据进行编辑、存储并生成各种凭证和报表。

事件驱动系统中，业务执行处理系统和会计信息系统完全整合，业务事件发生后，业务事件的细节信息直接被编辑并存储在业务事件数据库中，需要时根据特定的信息提取规则产生多元化的输出。在事件驱动系统中，省去传统自动化系统过账、中间文件存储、报表处理等对同一数据进

---

① 图片来源：杨周南，赵纳晖，陈翔. 会计信息系统［M］. 大连：东北财经大学出版社，2006.

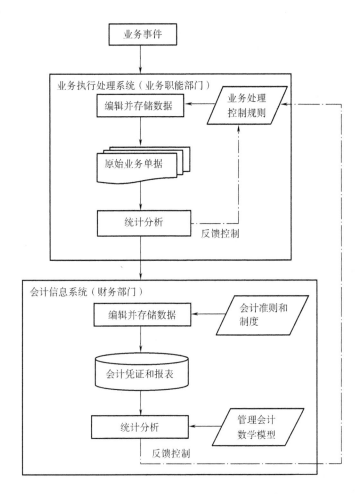

图 4 - 2 传统自动化会计信息系统的数据处理和会计信息取得过程

行多次复制的过程，取而代之的是信息的一次存储、按需提供。事件驱动系统简化数据处理的过程，实现所有分析与报告视图的殊途同源、数出一门。

在 REACA 模型中，业务活动发生时触发该业务事件的控制事件，根据控制事件的控制规则与逻辑对业务事件的合法性、有效性进行甄别，对合法有效的业务事件触发相应的记录和维护事件，由系统直接记录并存储该业务事件及有关的属性信息，比如事件本身的信息、事件的参与者、事件的资源等，并根据一定的业务事件处理规则，将这些信息统一存储在一个业务数据库中，而不区分这些数据将由哪些部门使用。当需要信息时，具有数据使用权的各

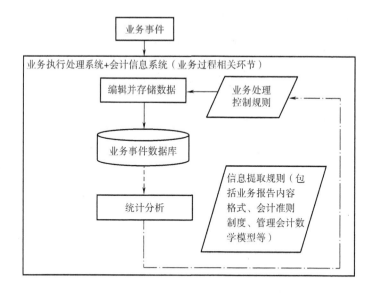

图4-3 事件驱动系统的数据处理和会计信息取得过程

类"被授权"人员通过报告工具自动输出所需信息,这种方式能最大限度地实现数据共享及对经济业务的实时控制。

4.3 REACA 模型的可行性和必要性分析

通过对 REACA 模型的内涵、体系架构和本质特性的分析,不难看出 REACA 逻辑建模的明显优势,感受到其不可抵挡的魅力,但如此理想的建模方案是否确实必要、是否切实可行,则需要严格翔实的论证。下文中将要进行的 REACA 模型的可行性分析和必要性分析,是从理想回归现实的必经之路。

4.3.1 REACA 模型的可行性分析

REA 模型采用一种全新的思路对会计信息系统进行分析,然而在20世纪80年代,REA 模型支持者们所倡导的那种与 REA 模型相匹配的应用环境并未成熟,导致 REA 模型未能很快得到广泛应用。

REACA 模型所需的应用环境包括技术环境和管理环境两个方面。技术环境方面，早期 REA 模型的倡导者曾指出，只有当科技进步所带来的诸如更加快捷的处理能力、低成本的存储以及将语义嵌入信息系统的基本结构中的思想被大家广泛接受的时候，基于 REA 的应用才能够成为一个现实目标①。管理环境方面，只有当内部控制成为贯穿企业业务全过程的活动时，对业务过程、控制活动与审计活动集成的 REACA 模型的应用才具有实现的可行性。

（1）REACA 模型所需的技术环境业已形成

REA 模型及其扩展 REACA 模型都是基于业务过程对信息系统进行逻辑建模，而且要求在业务发生的同时采集与业务活动有关的所有信息，包括财务信息和非财务信息。在 REACA 模型下，处理业务的同时进行信息的采集、处理和存储，并利用信息技术在业务发生时触发控制过程、保留审计线索。

REACA 模型能否实现强烈依赖于系统处理速度的快慢、系统海量数据存储能力的强弱以及系统可否提供更加简便直观的检索方法等。

近年来，信息技术突飞猛进，硬件技术和软件技术的快速发展，为 REA 模型及 REACA 模型提供了技术可行性保障。REACA 模型所需的技术环境已逐步形成，具体表现在以下四个方面。

①源数据自动化（source data automation）技术的产生。"源数据自动化"指的是以数字形式作为收集数据的起点，不用介质直接获取数据，用机械读取介质（如条形码标签、磁条、磁卡）获得数据代替源文件②，消除数据输入的手工性和重复性工作，避免数据传递过程中可能产生的延迟和差错。处理交易数据的人员了解数据所代表的事项，以便在数据录入过程中及时检查数据的准确性。这种数据采集方法被称为最有竞争力的现代业务数据输入方式，如 POS 机业务终端、自动柜员机（ATM）、光字识别器（OCR）等。

②网络技术的快速发展。网络技术的快速发展为 REACA 模型的实现提供高速信息通道。在网络技术下，网络信息通过统一的信息交换架构和大量的中间件，实现分布式海量数据处理的功能。

③海量数据吞吐能力的数据库管理系统日趋成熟。海量吞吐的数据库管理系统包括面向对象的数据库系统、分布式数据库系统、并行数据库系统、

---

①　Semantic Modeling in Accounting Education, Practice and Research: Some Progress and Impediments.

②　源文件如采购单、工资考勤表、销售订货表等。传统的数据输入方法依赖于计算机的终端用户由源文件获得数据，这些源文件经过积累，然后成批送给数据处理人员，进行输入。因此，这些数据会周期性地送进计算机系统，并且由于存在很多操作，成本和出错率均高。

数据仓库等，而数据挖掘和联机分析处理等技术也专门服务于海量数据，两者共同保证海量数据吞吐能力的实现。

组织经济活动的日趋复杂性，需要数据库系统具备很强的并行处理能力，支持多用户同时访问。在这种情况下，应用软件的稳定性很大程度上依赖于数据库管理系统海量数据吞吐的能力。

分布式数据库系统是在传统的集中式数据库系统基础上发展而来的，它既能对数据进行集中管理与共享，又能使地域的分散性被系统隐蔽起来，是数据库技术和网络技术结合的产物。并行数据库系统以高性能、高有用性和高扩充性为目标，充分利用多处理器平台的工作能力，为用户提供更快的响应时间与更大的事务吞吐量。数据仓库、联机分析处理和数据挖掘是 20 世纪 90 年代中期兴起的新技术，其中数据仓库用于海量数据存储，联机分析处理用于决策分析，而数据挖掘用于从海量数据中发现知识。借助数据仓库、联机分析处理和数据挖掘，人们可以实现对海量数据的存储和分析、发现数据间的潜在联系，为自动决策提供有力支持。

④支持复杂系统建设的开发软件。如前所述，REACA 模型的核心是集成，要求实时处理大量的数据，包括实时反映业务活动和对业务活动的实时控制。因此，REACA 模型下的系统相对庞大，REACA 模型的实现需要特定的软件技术环境给予支撑，具体要求如下。

在软件规模巨大、软件需求模糊或随时间变化时，传统结构化方法开发的软件维护往往困难。针对面向对象的软件开发方法，人们开发了面向对象的数据库管理系统，它是面向对象技术与数据库技术结合而产生的，支持面向对象的数据模型，与对象操作、集合操作一体化的数据库管理系统。面向对象的数据库管理系统既具有关系型数据库管理系统的一般特性，如持久性、并发性、数据可靠性、可支持查询处理和模式修改等，又具有面向对象的具体特征，如类和类的结构、封装性、继承性、消息传递等。

软件系统本质上是信息处理系统，离开操作便无法更改数据，而脱离数据的操作也毫无意义。数据和对数据的处理原本是密切相关的，传统方法把数据和对数据的处理人为地分离成两个独立的部分，自然会增加软件开发与维护的难度。与传统方法不同，面向对象方法认为数据和行为同等重要，它是一种以数据为主线，把数据和对数据的操作紧密结合在一起的方法，因而更适用于 REACA 模型的实现。

这些软硬件技术的发展使 REACA 模型的实现具备了技术可行性。

（2）REACA 模型实现的管理环境日趋成熟

REACA 模型实现的管理环境是指与技术环境相匹配的管理理念和管理思想。REACA 模型要完成对业务过程、控制过程和审计过程的集成化开发，离不开现代内部控制理论和内部审计理论的发展和支持。在这一发展过程中，内部控制由简单的内部牵制制度逐步发展成一套具有科学依据和方法的理论体系，并且贯穿组织价值链的全过程，为控制与审计的集成化开发提供理论依据。

内部控制起源于对企业定期确认和报告财务状况、经营成果的要求，这一要求是顺应工业革命及其引发的融资需求而产生的。内部控制理论的产生发展经历了一个不断变化的过程。内部控制概念的演变大致可分为三阶段：内部牵制、内部控制过程、内部控制的风险管理框架[①]。

其间，内部控制要素的变化明显地反映内部控制整体框架对风险因素的重视以及信息技术、信息系统在现代企业管理过程中的重要作用。从内部控制概念的演变历程可以看出[②]，内部控制体现出内涵越来越广泛、与企业的经营者及企业的经营目标联系越来越密切、各个构成部分越来越融合为一个不可分割的整体等特点。目前的内部控制思想脱离了简单的内部牵制，形成包含企业的诚信原则、管理哲学，以及法人治理结构、组织结构、经营方式、企业文化等治理指标的控制体系。内部控制活动贯穿于公司治理、管理、业务控制、绩效评价、责任审计等全过程。内部控制内涵在企业内部价值链体系上的延伸，为运用现代内部控制与审计理念，以及对企业过程进行分析与构造提供了理论基础。

综上所述，在信息技术、内部控制理念发展的支撑下，REACA 模型实现的技术环境与管理环境已经逐步形成。

4.3.2 REACA 模型的必要性分析

真实、完整地反映组织经济活动才能提供决策所需要的信息，才能提高信息的可靠性和透明度。在 REACA 模式下，关注的焦点被放在企业业务过程

---

① 方红星，王宏译. 企业风险管理：整体框架［M］. 大连：东北财经大学出版社，2005.
② 详见理论基础部分。

的决定性因素上，即决定价值变化的业务事件、资源的流入和流出以及事件的参与者。REACA 模型提供一种全面、简易、便于验证的模拟经济活动的方法，这一模型将业务过程同信息系统控制及审计结合起来，是实现企业目标、解决部分内控实施瓶颈问题、提高会计信息质量、保证会计信息系统逻辑模型与财务会计框架相一致的客观要求。

（1）企业目标实现的客观要求

关于企业的目标并没有科学一致的定义。一般讲，企业的目标是在一定的资源投入下，以尽可能高的收益率获得稳定的收益。在经济学里，企业的目标是利润最大化，但在财务管理中，企业的目标是企业价值最大化或股东财富最大化。在实践中，通常通过将企业目标逐级分解，把一个企业特定的经营目标指标化，例如股价、销售额、年产量等，以此使企业目标作为一种意念、一种符号传达给全体职工。

企业的目标经过分解，转化为业务过程的目标。业务过程是企业采购、生产、销售产品和服务等一系列活动的集合。对业务过程控制的目标是对业务过程进行干预，使其按照既定的程序和方式运行的一系列管理活动，而对控制规则，审计的目标是验证这种按既定程序和方式运行的有效性。有效的控制和审计有利于最大限度地实现业务过程目标，具体体现在以下两个方面。

①有效的控制和审计是业务过程目标实现的有力保障。控制的重要地位首先表现为它是组织实现目标的保证。许多组织失败不是因为计划不周或缺乏制度，而是控制审计不力，因此组织应根据业务过程的特征及风险，确定相应的控制审计过程。企业目标的实现程度取决于组织业务过程目标的实现程度，组织业务过程的目标能否实现取决于对业务过程控制是否有效，业务过程控制是否有效依赖于审计是否有效执行，因而有效的控制和审计是业务过程目标实现的有力保障，很大程度上决定了企业目标实现的可能。

②将控制、审计嵌入业务过程有利于提高控制的有效性。为了进行有效控制，必须建立科学的控制系统和审计系统。如 COSO 也曾指出：内部控制不应看作是添加在组织正常运行机构之上的东西，这样做将削弱组织的竞争能力，内部控制应当被嵌入企业的基础结构中。当控制活动与业务活动融为一体时，组织将以最小的代价获得最优的控制效果。

信息技术的发展使企业的业务活动运行在以网络技术、数据库技术等为支撑的信息化平台上，防止业务事件错误和舞弊的有效方式之一是将控制和审计嵌入系统的记录过程、维护过程和报告过程中，在系统的分析、设计和开发阶段综合考虑业务活动、控制活动和审计活动的要求。当控制渗透于组织业务活动之中、控制规则建立在组织的内部结构中并成为组织必要的组成部分时，控制最有效。有效的控制能够帮助组织实现绩效和盈利目标，防止资源损失；还有利于确保组织按照既定的程序，遵守法律法规要求，实现其预定目标，防止意外发生。

（2）企业内控实施的客观要求

企业在实施内控的过程中，产生一些问题，例如控制体系不完备、控制制度有章不循、控制约束力薄弱等。针对上述问题，可以通过构建信息化环境下的信息系统部分地予以解决。解决问题的基点是在信息化的需求分析和逻辑建模过程中，充分研究业务流与相关的控制流、信息流和审计线索的有机整合，实现业务规则、内控规则和审计规则嵌入信息系统中的目的。企业的上述需求成为很多 ERP 和财务软件厂商更新和改造自己软件系统的动力。本书提出的 REACA 逻辑建模正是针对上述需求，提出的一种解决方案，其必要性不言而喻。

（3）提高会计信息质量的客观要求

会计信息是会计信息系统的产品，会计信息的质量要求是会计信息为满足利益相关者的决策要求应当具有的基本特征，主要包括可靠性、相关性、可理解性、可比性、实质重于形式、重要性、谨慎性和及时性等。其中最主要的是可靠性和相关性。

我国会计软件开发的长期实践表明，只有建立一个涵盖完整的面向流程结构的严密的控制系统，才能最大限度地保证会计信息可靠性，从而进一步保证会计信息的相关性。面向输出视角的会计信息系统存在"重账表生成结果、轻嵌入控制检测"的弊端，致使我国多数的会计系统难以有效地记录、识别和防范相关的风险。因此控制嵌入式系统是会计信息系统发展的方向[1]，这也正是 REACA 模型实现的目标。

---

① 庄明来，蒋楠. 论我国会计系统标准化流程的构建［J］. 中国管理信息化，2008（11）.

（4）财务会计概念框架的客观要求

财务会计概念框架①，也称财务会计概念结构，是由相互关联的目标和基本概念组成，用以评价会计准则逻辑一致性的理论体系。

概念框架是解决会计和报告问题的核心工具。美国财务会计概念框架主要由 FASB（财务会计准则委员会）发布的一系列"财务会计概念公告"组成②。近几年来，FASB 开始对会计基本概念进行重新整理，目标是建立一个通用的概念框架，其中很重要的一个项目就是对概念框架的重新审阅。审阅的焦点再次放到了为现有的和潜在的投资者、债权人提供决策有用信息的"决策有用观"上。根据博索（Bosso）和豪根（2006）③所言，财务信息应当满足广大用户的信息需求，为他们评价企业预期现金流的时间、金额以及环境的不确定因素等提供参考。

在博索和豪根对决策有用的定义中，明确决策有用的具体构成：与资源和对资源的要求权（economic resources and claims to them）有关的信息；交易结果（effects of transactions）、交易承诺（commitments），以及其他影响经济资源事件的信息；有助于用户理解所提供信息的必要的管理说明、帮助评价管理者领导责任的信息等。

其中，"与资源和对资源的要求权有关的信息"对应于 REACA 模型中的资源信息；"交易结果、交易承诺，以及其他影响经济资源事件的信息"对应于 REACA 模型中事件的信息；"有助于用户理解所提供信息的必要的管理说

---

① Conceptual Framework of Financial Accounting，该专门术语最早出现于美国财务会计准则委员会（FASB）1976 年 12 月 2 日公布的《关于企业财务报表目标的暂行结论》《财务会计和报告概念结构：财务报表的要素及其计量》和《概念框架研究项目的范围与含义》等三个文件中。按照美国财务会计准则委员会的解释，概念框架是一个章程、一套目标与基本原理相互关联有内在逻辑性的体系。这个体系能引出前后一贯的会计准则，并指出财务会计与财务报表的性质、作用和局限性。也就是说，概念框架是一套由目标和基本原理结合起来的有机体系。目标定义了财务报告的目的，原理是帮助提出这些目标的潜在的概念和规则。这些概念对交易、事项的选择和记录、确认和计量，以及汇总和报告整个过程提供指导。

② 财务会计概念公告（statements of financial accounting concepts，SFAC），从 1978 年发布第 1 号"经营企业财务报表的目的"起，到 1985 年发布第 6 号财务会计概念公告"财务报表的要素"止，七年间 FASB 共发布了 6 项财务会计概念公告，其中第 6 号公告取代了第 3 号公告，因此实际上只有 5 项概念公告生效；2000 年，在第 6 号概念公告发布 15 年之后，FASB 新发布了第 7 号财务会计概念公告"在会计计量中使用现金流量信息和现值"，从而使美国目前实际适用的财务会计概念公告增加到 6 项。

③ First Steps Towards a Converged Conceptual Framework.

明、帮助评价管理者领导责任的信息"对应于 REACA 模型中参与者的信息。

由此可见，REACA 模型的三个基本特征要素分别从资源、事件、参与者方面反映了财务会计概念框架对"决策有用"信息的要求。基于 REACA 模型的会计信息系统能够满足财务会计框架的要求，也能够支持面向输出视角下形成的各种财务会计报表的生成。REACA 模型与现有的财务会计报告系统并不矛盾，只是提供了一种新的信息产生方式。形象地说，如果把财务会计报告看作一种有形的产品，会计信息系统作为这种产品的生产车间，REACA 模型只是改善了生产的流程和方法。REACA 模型不仅能够生成传统的各种视图，而且可以按需生成不同的报表视图，满足了产品多样化的要求。

综上所述，REACA 模型的提出是由信息化环境下企业业务活动的客观要求所决定的，REACA 模型有利于实现企业目标，改善会计信息质量，同时能够满足财务会计概念框架的要求。

4.4 REACA 模型中的控制要素分析

通过上文的阐述和分析可知，REACA 逻辑建模既优势明显，又十分必要，而且建模方案切实可行。接下来的任务，就是要对 REACA 模型中的关键扩展要素——控制和审计——进行翔实具体地阐述。本节 REACA 模型中控制要素的分析和把握至关重要，决定了 REACA 扩展模型构建的成败，因此，需花费大量篇幅，借助若干具体实例，从其含义、内容和结构三个方面予以详细论述。

4.4.1 REACA 模型中控制要素的含义

REACA 模型的控制要素主要包括业务活动控制和信息系统控制。业务活动控制是为了达到营运的效率效果、财务报告的可靠性和相关法令的遵循性等目标而提供控制过程。业务活动控制的目标和控制对象同传统业务控制的目标和控制对象是一致的，同 COSO 控制模型的内涵相对应。信息系统控制是为了达到会计信息的有效性、高效性、机密性、完整性、可用性、符合性和信息可靠性目标而采取的控制措施。信息系统控制的目标和控制对象同 COBIT 控制模型的内涵相对应。

无论是业务控制还是信息系统控制，必须同时符合以下三个条件。

一是要有明确的目的或目标，没有目的或目标就无所谓控制。

二是受控客体必须具有多种发展可能性，如果事物发展的未来方向和结果是唯一的、确定的，就谈不上控制。

三是控制主体可以在被控客体的多种发展可能性中通过一定的手段进行选择，如果这种选择不成立，控制也就无法实现。

4.4.2 REACA 模型中控制要素的内容

从建模的角度阐述 REACA 模型中控制要素的内容。

控制要素的具体内容如图 4-4 所示。

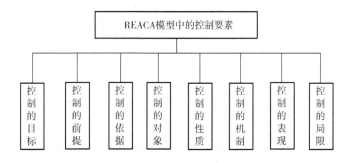

图 4-4 控制要素的内容

(1) 控制的目标

REACA 模型中的控制要素主要包括业务控制和信息系统控制两个方面。

业务控制源自 COSO 控制模型，其目标是达到营运的效率效果、保证财务报告的可靠性和相关法令的遵循性等。具体而言，要保证经济业务的正确发生，降低或消除业务过程中可能存在的风险；保证业务数据的正确采集、正确处理、正确存储、正确传输和正确报告，降低或消除信息过程中可能存在的风险。

信息系统控制源自 COBIT 控制模型，其目标是达到会计信息的有效性、高效性、机密性、完整性、可用性、符合性和信息可靠性，具体而言是保证已进入信息系统的数据高效运转、安全存储，具备良好的完整性、一致性和可靠性。

此外，REACA 模型中控制要素的控制目标还可分为一般目标和具体目标。控制的一般目标是最大化利用信息化环境的技术优势，优化企业内部控制和业务活动，使人工系统与机器系统有机结合，最大限度地实现自动化控制，规范业务过程有序进行，保障业务目标的实现。控制的具体目标是管理 REACA 模型中资源、事件、参与者及其各种关系的风险，要求资源、事件和参与者属性的改变满足合规性、完整性和真实性的要求。

合规性：是指资源、事件、参与者的属性改变应当符合国家的法律、法规和有关部门规章制度的要求，符合企业内部控制制度的规定。

完整性：是指确保所有合法的业务数据都被纳入信息系统。

真实性：是指确保每笔业务均真实发生且相关信息被真实地记录。

（2）控制的前提

根据现代内部控制理论，风险是指导致组织或机构发生损失的可能性，控制则是降低或消除风险的活动。控制的前提是对风险的识别。与之类似，在 REACA 模型中控制的前提也是对模型中风险的识别。

在 REACA 模型中，应识别的风险具体表现为业务事件风险、信息处理风险和信息系统风险，其中前两种风险称之为业务风险，如图 4 - 5 所示。

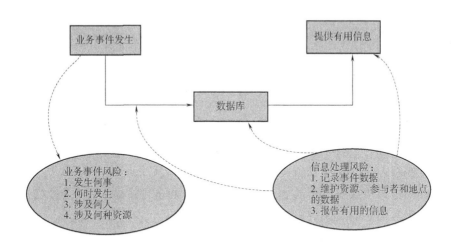

图 4 - 5　业务事件风险和信息处理风险

①业务事件风险。业务事件风险是指由于业务发生过程中的错误造成损失的可能性。该类风险既包括与业务事件本身有关的风险，也包括与业务事件所涉及的资源和参与者有关的风险，具体而言，可分别从与资源有关的风险、与内部参与者有关的风险、与外部参与者有关的风险、与事件本身有关

的风险方面进行甄别、防范与纠正。就获取支付过程中的采购事件而言，各类与业务事件有关的风险描述如下。

一是与资源"存货"有关的风险。

订购的存货类型与申购单不符。

订购的存货质量与申购单不符。

订购的存货数量与申购单不符。

订购的存货价格与组织的价格管理需求不符。

二是与内部参与者"采购员"有关的风险。

采购员不是系统的合法用户。

采购员没有权限订购该存货，但却行使了该权限。

采购员查询不到请购单，看不到请购者和批准者，无法咨询和反馈。

采购员查询不到供应商，无法选择合适的供应商等。

三是与外部参与者"供应商"有关的风险。

从企业非法的供应商处进行采购。

从供应甲存货的供应商处采购了乙存货。

供应商不可靠，交易信誉很差，或提供的产品质量不可靠，有不良的交易记录等。

四是与事件本身有关的风险。

该采购事件发生在不恰当的地点，超出组织的支付范围。

该采购事件不及时或不准确，不能保证所采购存货的及时性和可用性。

该订购合同中的条款不合理，属于不公平交易。

未能遵循业务处理规则，如没有进行申购就直接进行了采购、一次采购事件同时涉及两家或两家以上供应商、一次采购事件由两位或两位以上采购员负责、一次采购事件未采购任何存货等。

REACA 模型控制的前提是识别与业务事件有关的风险，并在风险发生前、发生时和发生后尽可能采取控制措施，减小损失。在 REACA 模型中，控制规则和控制程序嵌入业务事件的执行过程中，在业务活动发生时执行相关的控制程序，检查与事件相关的控制规则，以实现业务活动和控制活动的集成。因此，在进行 REACA 逻辑建模时，首先要识别与业务事件相关的上述四类风险，在此基础上使用信息技术定义业务过程的同时，来定义控制规则、执行控制程序。

②信息处理风险。信息处理风险是指由于信息处理过程中的错误造成损失的可能性。例如，业务数据的记录不完整、不准确，虚假或伪造的信息出现，信息泄漏等。根据本章第 1 节中关于业务事件、信息事件、管理决策事件之间相互关系的阐述可知，业务事件可能触发信息事件中的采集和维护事件，管理决策事件可能触发信息事件中的维护事件和报告事件，由此产生与信息处理有关的风险，根据信息处理的过程分为采集风险、维护风险和报告风险。

采集风险包括记录不完整、不准确或无效的业务事件数据。不完整是指系统数据未能包括业务事件所有的相关特征；不准确是指记录的数据不能准确地表示事件；无效是指系统记录了虚假事件的数据。在获取支付过程中，与采购事件相关的采集风险如下：对采购事件进行采集时，未能准确、完整地记录采购订单上所有的详细信息，包括请购单号、供应商、采购人员、日期、时间、存货名称、采购单价、采购数量、进项税额、运费等信息。

维护风险的内容基本与记录风险相同，唯一的区别是数据与资源、参与者相关，而不是与业务事件相关。与维护过程相关的风险是指未察觉或未记录组织的资源、参与者的变化，如客户或雇员搬迁、客户宣布破产等。在获取支付过程中，与采购事件相关的维护风险如下：未能及时、准确地维护与本次采购事件有关的对存货资源本身的影响，包括存货代码、存货名称、存货规格、存货用途、计划价格、期初数量、期初数量日期等信息；未能及时、准确维护与本次采购事件有关的对内部参与者采购员本身的影响，包括采购员职员编号、姓名、人员类型、学历、电话、住址、开始工作日期、底薪等信息；未能及时、准确维护与本次采购事件有关的对外部参与者供应商本身的影响，包括供应商代码、供应商名称、联系人、电话、地址等信息；未能及时、准确维护与本次采购事件有关的供应商对相应存货的供应情况，包括供应商代码、存货代码、供应起始时间、基本价格、基准折扣等信息等。

报告风险包括数据访问不当或汇总不当，或数据提供给未经授权的人，或未及时提供数据。在获取支付过程中，与采购事件相关的报告风险如下：信息用户不是系统的合法用户；信息用户逾越权限构建相应的报告视图，如采购员能查询到其他采购员的采购订单等；验收人员、采购员、采购经理等不能查询采购订单的列表及详细信息；应付账款管理人员不能对与采购事件相关的应付账款账龄进行查询分析；出纳人员不能对采购事件相关的应付账款进行查询，不便准确、及时付款。

③信息系统风险。除以上描述的业务事件风险和信息处理风险外，在 REACA 逻辑建模过程中还需要识别与信息系统有关的风险。信息系统风险分为一般风险和应用风险。

一般风险是指信息系统运行环境中可能存在的风险，具体包括计算机硬件风险（如硬盘的损坏，突然断电造成的主板或 CUP 损害，由潮湿、磁化、辐射等造成的物理损伤等）、计算机系统软件风险（操作系统或数据库管理系统软件漏洞、系统在意外中断情况下不能继续运行等）、网络安全风险（如计算机病毒侵害、黑客入侵、系统非法访问、通信不安全等）、数据资源安全风险（如数据库的非正常使用造成数据不一致或不完整，硬件故障、软件故障、操作员的失误以及故意的破坏影响数据库中数据的正确性，甚至造成数据库中数据的部分或全部丢失）。一般风险常常影响信息系统的正常运转，必须采取合理控制措施予以规避或尽量降低损失。

应用风险是指与信息系统的应用，即与输入、处理、存储和输出各环节直接相关的各种风险。应用风险不一定导致信息系统停止运转，但可能采集错误的数据、使数据历经不当处理、使数据发生不安全的存储，以及使数据的输出产生错误，或将数据输出给不当的信息用户等。由于在与信息处理有关的风险中，无论是采集风险还是维护风险，都包含输入、处理、存储风险，而报告风险又包含传输风险和输出风险，因此信息系统的应用风险包含在与信息处理有关的风险中，下文将不再单独予以阐述。

（3）控制的依据

REACA 模型中控制的依据是指控制要素设计的理论根据，具体是指业务控制规则和信息系统控制规则。

业务控制规则分为业务处理控制规则和信息处理控制规则，分别针对业务处理过程中的风险和信息处理过程中的风险而设定。业务处理过程中的风险，即与业务事件有关的风险，包括与资源有关的风险、与内部参与者有关的风险、与外部参与者有关的风险、与事件本身有关的风险。与业务处理过程中的风险相对应，业务处理控制规则也包括与资源有关的控制规则、与内部参与者有关的控制规则、与外部参与者有关的控制规则、与事件本身有关的控制规则四类。信息处理过程中的风险，即与信息事件有关的风险，包括采集风险、维护风险和报告风险。与之相对应，信息处理控制规则也分为采集控制规则、维护控制规则和报告控制规则。其中采集控制规则和维护控制规则仅是处理对象不同，都历经输入、处理、存储阶段，而报告控制规则包括传输和输出两个阶段。

信息系统控制规则是指企业为了保证信息系统高效率、完整一致性和安全性而应遵循的控制规则，具体包括信息系统效率规则、信息安全性规则和信息完整一致性规则等。信息系统效率规则是指信息系统的相关资源应该被充分开发利用，在信息系统投资不变的条件下尽量提高信息处理的效率；信息安全性规则是指，信息系统的硬件、软件资源应该得到有效保护，敏感的信息应该防止未经授权人员的接触；信息完整一致性规则是指信息系统的处理逻辑应该符合企业的商业规则，所输出的信息精确而且有效。①

此外，业务控制和信息系统控制还必须遵循制度规则、规范规则、标准规则和客观规则等。其中，制度规则是指由国家法律强制规定的规则，如一个企业不能同时属于有限责任公司和股份有限公司等。规范规则是指由国家、行业或企业相关法规中的规则，如我国一级会计科目的代码是 4 位，首位数字 1 表示资产类，2 表示负债类，3 表示共同类，4 表示成本类，5 表示所有者权益类，6 表示损益类。标准规则是指在数据输入、处理、存储过程中所需要遵循的统一标准，如企业 ERP 集成过程中，要求各软件提供标准的接口映射规则等。客观规则，或称为自然规则，即现实生活中的客观规律或自然法则，如人的年龄不能超过 200 岁、人的身高不能超过 3 米等。

以上所阐述的各类规则便是 REACA 模型中控制要素的控制依据。

（4）控制的对象

控制的对象是可能发生风险的活动或实体。REACA 模型的控制要素主要涉及业务控制和信息系统控制两个方面，因此 REACA 模型中的控制对象可分为 REACA 业务控制对象和 REACA 信息系统控制对象。

REACA 业务控制对象与业务事件、信息事件相关。

与业务事件有关的控制对象包括业务事件涉及的资源、业务事件的内部参与者、业务事件的外部参与者和业务事件本身。

与信息事件有关的控制对象有采集事件、维护事件和报告事件，具体而言是采集事件和维护事件的输入过程、处理过程和存储过程，以及报告事件

---

① 杨周南，赵纳晖，陈翔. 会计信息系统［M］. 大连：东北财经大学出版社，2006.

的传输过程和输出过程。

REACA 信息系统控制对象与信息系统有关,具体包括计算机硬件、计算机软件、网络和数据资源等。

总之,REACA 逻辑建模过程中需要考虑的可能发生风险之处,即为 REACA 模型中控制要素的控制对象。

(5)控制的外在表现形式

控制的外在表现形式,是站在信息系统外部使用者的视角来理解的,是基于 REACA 模型的信息系统控制实现方式,也就是通常所说的控制方式的分类。

①依据控制的实现方式划分。根据实现方式不同,控制可分为手工控制、自动化控制和混合控制。

手工控制是指无须应用软件或其他任何技术系统支持的控制。如组织控制、监督控制、书面授权(支票签字)、人工控制(如将购货单和收货单进行核对)等。其中组织控制是为实现组织的目标而进行的组织结构设计、权责安排和制度设计。由于人的有限理性,手工控制会因个体错误而存在固有缺陷。在信息化环境下,随着信息技术的发展,相应的控制形式也会改变,但手工控制不会完全被替代。

自动化控制是指由计算机执行的控制,这类控制会按照事先设定的程序执行。比如,输入校验控制可以检查订单中金额的有效性,自动化购货系统中的配置控制仅允许超过事先设定限额的订单执行。其他自动化控制包括余额平衡控制、数据检查控制、预定义数据列表、数据合理性测试、逻辑测试、计算控制等。

混合控制是指依赖信息系统进行的手工控制,是手工处理和自动化处理的结合。手工控制和自动化控制的结合情况是由企业所采用的信息系统的性质和复杂程度决定的,企业在确定应用何种方式实施控制时,需要考虑控制的效果和相关成本。

在 REACA 逻辑建模过程中,所采用的控制是混合控制方式。就业务控制而言,对于能够量化和标准化的控制规则,存储在规则库中,借助计算机应用程序实现自动化控制;对于不能够量化和标准化的控制规则,借助应用程序控制或手工控制方式予以辅助,将控制落脚于与人工结合的信息系统之中。就信息系统控制而言,借助相关软件进行自动化控制,自动化控制难以完成的部分由人工控制决定。如日常情况下,当插入新的硬件、安装新的软件及下载网络文件时，可以设置防病毒软件自动对病毒进行检测，这属于自动化控制的部分；当防病毒软件发现病毒文件本身及被感染的文件，要通过人工控制决定最终处理方案——清除病毒，还是删除被感染的文件，还是重装系统？

可见，混合控制方式在基于 REACA 模型的信息系统中应用极为普遍，其根本原因在于信息系统本身就是一个人机系统，自然在其逻辑建模阶段需要同时考虑自动化控制和人工控制，但其根本原则是能自动化的控制，不要人工化，旨在节约控制的成本、提高控制的效率。

②依据控制发生的时间和目标划分。根据发生的时间和目标不同，控制可分为防范性控制、检查性控制和纠正性控制。其中，防范性控制最为重要，很多的现实案例也说明防范的经济效益要远高于检测和修复的经济效益。

防范性控制是指预防错误和舞弊的发生，如出纳不能同时兼管应收账款和应付账款、申购的职员不能进行审批等职责分离措施。

检查性控制是指当错误和舞弊发生时对其进行识别，多用于各种输入控制和处理控制，如输入员工的工资为 500 000 元，而员工工资必须要在 1 000 元至 200 000 元之间。检查性控制也可以理解为实时审计。

纠正性控制是指错误和舞弊发生后而采用的补救性控制措施，以将损失减至最小，如发现实际验收的商品数量为 5 000kg，查询得出的采购数量为 500kg，从而需要补录采购订单或进行购货退回处理。REACA 模型中的控制是集防范性、检查性和纠正性于一体的控制，同时实现了事前控制、事中控制和事后控制，以最大限度地降低风险、减少损失。

以上是针对业务控制中的防范性控制、检查性控制和纠正性控制进行的阐述，在信息系统控制中，同样存在这三类控制。以病毒防范为例，安装病毒软件和更新病毒库属于防范性控制，病毒实时检测和定期扫描属于检查性控制，而对于已发现病毒的清除、相关文件的修复等后续处理工作则属于纠正性控制。

可见，在 REACA 逻辑建模阶段，无论是业务控制还是信息系统控制都需要同时考虑防范性、检查性和纠正性控制的设置。其根本原则为：能防范的风险先防范，能检查的风险先检查，实在防范不住和检查不出的风险发生后要及时纠正和补救。

（6）控制的内部实现机制

业务控制和信息系统控制共同构成了 REACA 模型中的控制要素，其控制的内部实现机制有所不同。

就业务控制而言，其内部实现机制主要有两种：一种机制是针对可被量化和标准化的控制规则，将其进行抽取并存储在规则库中，当控制处理器被触发时，应用程序调用规则库中的控制规则并依据该控制规则进行控制；另外一种机制是针对不能被量化和标准化的控制规则，可在业务过程和信息过程中设置相应控制点，当控制器被触发时，应用程序调用相应控制界面，由信息系统用户掌握控制规则，以便及时对非法业务进行恰当处理。无论以上哪种业务控制内部实现机制，其前提都是控制处理器被触发，而控制处理器既可能被业务事件处理器触发，也可能被报告处理器触发。业务控制的关键在于其相关控制规则的抽取，与风险相对应，业务控制规则具体可分为与业务事件有关的控制规则和与信息处理有关的控制规则。

①与业务事件有关的控制规则及其内部实现机制。与业务事件有关的控制规则针对与业务事件有关的风险而制定。与相关风险相对应，该类控制规则既包括与业务事件本身有关的控制规则，也包括与业务事件所涉及的资源和参与者有关的控制规则。具体而言有四类与业务事件相关的控制规则，分别为与资源有关的控制规则、与内部参与者有关的控制规则、与外部参与者有关的控制规则、与事件本身有关的控制规则。至于控制规则的内部实现机制可能与规则库相关，可能与业务库中的相对固定数据相关，也可能与REACA 模型中的基数相关。就获取支付过程中的采购事件而言，各类与业务事件有关的控制规则及其实现机制描述如下。

（a）与资源"存货"有关的控制规则及其实现机制。

表 4－1　与资源"存货"有关的控制规则及其实现机制

控制规则	实现机制
订购的存货类型要与申购单相符	订购单和申购单的存货类型字段应保持一致，而且都经过核准
订购的存货质量要与申购单相符	订购单和申购单的存货质量字段应保持一致
订购的存货数量要与申购单相符	订购单和申购单的存货数量字段应保持一致，而且都经过核准
订购的存货价格要与组织的价格管理需求相符	订购单上的存货价格应在企业允许的价格浮动范围之内，而且经过批准

（b）与内部参与者"采购员"有关的控制规则及其实现机制。

表 4 – 2　与内部参与者"采购员"有关的控制规则及其实现机制

控制规则	实现机制
采购员是系统的合法用户	对采购员的用户名和密码进行校验
采购员有权限订购该存货	对采购员的存货权限进行校验
采购员要能够查询到请购单，包括请购者和批准者，以便咨询和反馈	赋予采购员查询请购单的权限，仅能查到与其所负责的存货相关的请购单
采购员要能够查询到供应商，以便选择供应商	赋予采购员查询供应商的权限，仅能查到与其所负责的存货相关的供应商

（c）与外部参与者"供应商"有关的控制规则及其实现机制。

表 4 – 3　与外部参与者"供应商"有关的控制规则及其实现机制

控制规则	实现机制
供应商是企业合法的供应商，能为组织供应此类别的存货	对供应商和存货的关联表进行验证，保证是合法的供应商供应适当的产品
供应商可靠，提供的产品可靠，拥有良好的交易信誉	对供应商的交易记录进行查验，核对其供货的及时性、货物的质量相符程度及其价格优惠政策等

（d）与事件本身有关的控制规则及其实现机制。

表 4 – 4　与事件本身有关的控制规则及其实现机制

控制规则	实现机制
该采购事件发生在申购事件之后	查验是否有对应的申购单
该采购事件及时准确，能保证所采购存货的及时性和可用性	对申购日期、采购日期、到货日期及货物可用性进行查验
采购合同中的条款合理，属于公平交易	查验合同中的各类条款
事件、资源、参与者之间的关联规则	验证各关联规则的遵循性

事件、资源、参与者之间的关联规则，是指在 REA 模型图上体现的事件与资源、事件与内外部参与者，以及事件与事件之间的（1，1）、（0，*）、（1，*）规则。如获取支付过程中的采购事件涉及的关联规则如下。

一次采购事件，必须对应一次申购事件，即申购（1，1）——采购。

一次采购事件，必须由一位采购员负责，即采购——（1，1）采购员。

一次采购事件，只能向一个供应商发出采购，即采购——（1，1）供应商。

一次采购事件，至少采购一种存货，可以采购多种存货，即存货(1，*)——采购。

以上各种控制规则及其内部实现机制与业务事件有关，属于业务控制规则的范畴，下文将继续描述业务控制规则的另一个分支——与信息处理有关的控制规则及其内部实现机制。

②与信息处理有关的控制规则及其内部实现机制。与信息处理有关的控制规则针对与信息处理有关的风险而制定。与相关风险相对应，该类控制规则具体包括采集控制规则、维护控制规则和报告控制规则。

由上文描述可知，尽管信息采集和维护的对象不同，但都面临数据输入阶段、处理阶段和存储阶段的类似风险，因此需要定义不同阶段的相应控制规则和措施。

（a）在信息采集和维护的输入阶段，要保证数据的准确性和完整性，通常需要进行如下控制：原始单据的审核控制，既不能漏记，也不能多记，更不能擅自更改；输入数据的正确性控制，可通过人工目测核对、计算机校验，以及由同一人或不同人进行的重复录入校验；输入数据的完整性控制，如常见的批总数控制（部门工资总额＝部门个人工资合计额）；错误纠正控制，当计算机发现错误时，只有这些错误得到纠正后才能进入下一个环节的处理；等等。

（b）在信息采集和维护的处理阶段，要保证数据处理的正确性和完整性，通常需要进行如下控制：参照检查控制，如收到的客户付款金额应当等于其订购货物价款的总金额，验收货物的数量和订购货物的数量进行对比；数据合理性检查控制，如固定资产计提折旧后的账面价值不能为负数，预算的现金收入应当大于等于预算的现金支出；审计线索控制，如存储每一个信息用户的每一次登录系统的信息，成功登录的信息保存在一个文件中，留待日后作为审计线索，未成功登录的信息保存在另一个文件中，以辨别其登录目的，识别非法用户和非法操作；等等。

（c）在信息采集和维护的存储阶段，要保证数据存储的安全性、完整性和一致性，通常需要进行如下控制：设置交易日志，如记录所有或部分交易的主要信息，如交易时间、用户 ID、终端号、处理前后的数据映像等，以便为日后的审计提供线索；数据文件保存控制，即保存足够长的时间，以便重新查询、分析和检查数据，如根据财政部《会计档案管理办法》规定，固定资产卡片至少要在固定资产报废清理后保管 5 年；备份和恢复控制，如子公司的交易数据每日传至总公司进行备份，重要的数据处理磁盘镜像保存；等等。

此外，在信息报告过程，则需要控制处理器定义、执行、检查业务信息传输和报告控制规则，以保证信息输出和传输的正确性以及确保输出信息只能提供给合法用户（经过授权），通常需要进行如下控制：输出数据正确性控制，如通过采用总数控制、数据稽核控制、抽样统计控制、对照检查控制等措施；输出数据审核控制，如财务部门要对其收到的采购发票与查询得出的采购业务记录进行核对，确保采购业务记录的正确性，对于与实物（如现金）相关的查询数据应当与实际盘存的实物数量或金额进行核对，对于发现的输出不一致信息或差错信息必须进行调整或更正，内部审计人员也应当定期对输出信息和报告进行审计；输出权限控制，如只有人事部门经理才能查看全单位的工资情况、个人只能查看自己的工资信息；输出资料的分发控制，如销售统计报告只分发给销售主管和相关的企业关键管理人员，不能分发给无权接受该销售统计报告的信息用户；不一致调整或差错更正控制，如设计专门的更正程序或设置相应的控制日志，以督促和保证不一致数据输出的调整和差错数据的更正。

上文中分别描述了与业务控制有关的控制规则——业务事件相关控制规则和信息处理相关控制规则及其内部实现机制，为 REACA 模型中控制要素的嵌入提供了实现途径。下文将着重阐述与信息系统有关的控制规则及其实现机制。

③与信息系统有关的控制规则及其实现机制。与信息系统有关的控制规则（措施）针对与信息系统有关的风险而制定。与相关风险相对应，与信息系统有关的控制规则可分为计算机硬件安全控制规则、计算机软件安全控制

规则、计算机数据资源安全控制规则和计算机网络安全控制规则等。此类规则的实现机制主要依赖于人机系统中人的要素，借助部分工具软件，严格执行相应控制措施。相应的控制措施一般需要历经调研、制定、执行、评价等环节，是一个反复循环的闭环系统。

计算机硬件安全控制又称为实体安全控制，是指为保障信息系统安全可靠运行，保护系统硬件和附属设备及记录载体不受到人为或自然因素的危害而实施的控制。主要的计算机硬件安全控制措施如下：建立达标的计算机安全运行环境，机房等要害部门要配备防盗、防火、防水装置；建立出入机房的登记制度，对运行要求高的计算机系统要建立设备的应急恢复计划；建立包括设备的购置、使用、检修等内容的规章制度，并严格执行；等等。

计算机软件安全控制主要针对系统软件（包括操作系统、语言处理程序、支撑服务程序和数据库管理系统）和应用软件（包括 Office 等通用软件和企业 ERP 等专用软件）可能存在的风险。主要的计算机软件安全控制措施如下：加强系统操作的安全管理，要严格按系统的规程运行系统，要实时检测软件的病毒，定期备份重要数据；加强计算机系统应用人员的安全管理，除经常开展职业道德和安全教育外，必须实行严格的岗位职责分工制度，各级人员的操作密码要相互保密，并定期更换；定期开展计算机安全的审计工作；要建立完善的系统运行日志文件和系统实时控制文件，并据此定期进行系统安全风险的评价工作，及时发现系统安全技术和内部控制中的漏洞和薄弱环节，不断完善计算机安全控制体系；等等。

计算机数据资源安全控制主要针对计算机内的数据资源和其他各种存储介质中的数据资源。主要的计算机数据资源安全控制措施如下：建立数据资源安全控制规程，规定各种软件操作人员的使用权限，防止合法用户有意或无意地越权访问，防止非法用户的入侵；详细规定具体可执行的数据备份计划和安全管理措施；等等。

计算机网络安全控制主要针对源于网络的各种风险。主要的计算机网络资源安全控制措施如下：通过设置外部访问区域、建立防火墙防止非法网络用户入侵；通过授权和检验，控制用户对特定网络资源访问的深度和广度；通过对数据加密，将数据转换为非法用户难以识别的形式，保证通信的安全；通过安装计算机反病毒软件、及时更新病毒库，定期检测和及时清除计算机病毒，避免整个企业网受计算机病毒的侵害；通过采用防火墙、防黑客软件等防黑客产品，建立防黑客扫描和检测系统防范计算机黑客；等等。

以上是与信息系统有关的控制措施。这些规则同相关业务控制一起保证业务活动的正确发生、正确采集和正确报告，并保护已经进入信息系统的数据资源安全有效、完整一致。

（7）控制的性质

REACA 模型中的控制是预防性、检查性和纠正性控制的统一体，更加注重预防性和检查性控制，且有统一的规则库予以支撑，因此，其控制具有集中性、实时性、全程性和直接性。

集中性：即控制规则的一次性录入集中存储，消除了分散重复存储所带来的数据冗余、不一致等弊端，为集中控制提供了基础。企业所有能够量化和标准化的控制规则集中存储到一个逻辑规则库中，能在一定程度上消除控制规则隔阂，避免控制规则的重复和矛盾等。

实时性：由于 REACA 模型控制的集中性，数据集中存储模式下实现了组织内部的生产、销售、财务、人事等各业务部门借助共享的人机接口协调工作，在同一数据库中存取信息，实时沟通，通过对业务事件和信息处理的控制，能够实现对业务过程的实时控制。

全程性：业务过程以自动化处理的业务事件为界划分步骤，业务活动直接以数据的形式在用户和数据库之间传递，实现了以事件为基本单位，对业务活动和信息处理的全程控制。

直接性：REACA 模型要求记录每一事件全面、立体的细节信息，本身就是对业务流进行全方位、多角度的直接控制，而不是通过单位的资金流间接控制业务流。

（8）控制的局限

REACA 模型中的控制要素包含业务控制和信息系统控制两个方面，其中业务控制和信息系统控制本身具有一定的局限性，因此作为其组合体的 REACA 控制要素也必定存在一定的局限性。其局限性主要表现在以下两个方面。

第一，就 REACA 模型中的业务控制而言，无论业务控制在设计上、运行上如何完善，它们只能向管理层提供有关实体目标实现的合理保证，而无法完全杜绝风险，例如，人们决策判断方面的失误，负责建立控制的人员需要考虑成本和收益的因素，因人员失效而发生内部控制崩溃事件，以及两人或多人合谋绕过控制，等等。此外，更为严重的是管理层有能力推翻业务控制[①]。

第二，就 REACA 模型中的信息系统控制而言，其强调的是利用信息化技术对信息系统进行控制。从现阶段来看，无论信息系统控制措施有多么周密，总有一些意想不到的意外情况发生，致使信息系统的安全无法保障。此外，管理层或内部人员也可能绕过信息系统中的各种控制，致使信息系统控制失效。因此，模型中的控制要素也具有一定的局限性。

4.4.3 REACA 模型中控制要素的结构

上述八个 REACA 模型中控制要素的内容并非简单罗列，它们组合起来构成了 REACA 模型中控制要素的三维框架体系结构，如图 4-6 所示。

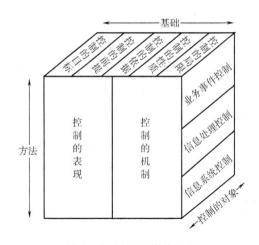

图 4-6 控制要素的结构

控制的目标、前提、依据、性质和局限是控制的基础，控制的外在表现形式和内部实现机制是控制的方法。具体而言，控制的对象决定了控制的目标，控制的前提（即风险的识别）依赖于控制对象，控制的依据是控制风险的规则或措施，控制规则和措施决定了控制的外在表现形式和内部实现机制，控制的内部实现机制决定了控制的性质，也决定了控制的局限性。整个控制

---

① "管理层推翻"指管理层出于非法目的否决既定的政策或程序，以便获得个人利益或增强实体的财务状况或合规性状况，例如，故意误导银行、律师、会计师以及供应商，并有意签发伪造的订购单和销售发票等凭单。参见《CAI 考试指南：内部审计活动在治理、风险和控制中的作用》。

结构的核心是控制目标和控制对象。

4.5 REACA 模型中的审计要素分析

REACA 模型中的审计要素随控制要素而来，凡是需要控制的地方都需要相关的审计予以核查、评价和监督其执行情况。除对控制点的审计之外，还要对其他执行情况预留审计线索，以便日后审计之用。与控制要素相似，审计要素对于 REACA 模型而言也非常重要，但鉴于审计要素随控制要素的确定而确定，以及笔者的时间和精力有限，未能与控制要素一样进行详尽具体地阐述，仅能给出其简单的含义、内容和结构，以期读者对 REACA 模型中的审计要素有一个整体的大概把握。

4.5.1 REACA 模型中审计要素的定义和意义

（1）REACA 模型中审计要素的定义

REACA 模型的审计要素是确保和审查控制要素有效执行的活动，包括对业务控制活动审计线索的预留和对信息系统控制的审计活动。通过对审计要素建模，可以确保和审查内部控制机制的有效执行，以达到对会计信息系统安全、可靠、有效和高效地应用。同时在对审计要素的建模过程中还可以发现控制要素建模的不足，以便及时改进与完善，使会计信息系统逻辑模型达到预期的目标。

（2）REACA 模型中审计要素的意义

信息化环境下，企业对业务的传统控制活动逐渐被嵌入计算机程序，业务控制的有效性依赖于信息系统的安全性、可靠性和有效性。而信息系统的安全性、可靠性和有效性取决于信息系统的控制是健全有效的。因此，会计信息化除了需要建立健全的信息系统控制之外，通过审计活动审查与评价信息系统的内部控制的建设及其执行情况，也是确保信息系统安全、可靠、有效和高效运行的重要措施。通过审计活动可以发现信息系统本身及其控制环节的不足之处，并及时改进与完善，使信息系统在企业的经营管理中有效发挥作用。

在 REACA 模型中，一方面审计要素作为对控制要素的监督，可以看作是控制要素的派生要素；另一方面审计要素的方法和内容等又相对独立于控制要素，根据审计独立性的基本要求，审计要素在逻辑建模阶段着重表现为审计线索的预留。REACA 扩展模型通过将审计纳入模型基本元素，构成由资源、事件、参与者、控制和审计组成的五要素逻辑建模模型，从而实现在逻辑建模时对控制的嵌入和审计线索的预留。

4.5.2 REACA 模型中审计要素的内容

REACA 模型中审计要素的具体内容如图 4 - 7 所示

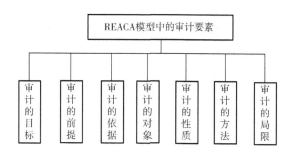

图 4 - 7　审计要素的内容

（1）审计的目标

审计的目标是检验模型中控制要素是否能够实现既定的控制目标，是否满足控制合法性、合规性、有效性，以及使系统信息具有可审计性。

控制合法、合规性是指审查控制的设定是否符合国家的法律、法规和有关部门的规章制度的要求，是否能够保证系统有效阻止犯罪，避免组织遭受违规和违法的损失。

控制的有效性详见前文关于"REACA 模型的必要性分析"，此处不再赘述，为了使系统能够支持审计要素实现上述目标，在逻辑建模阶段需要考虑审计要素的特殊目标——系统信息的可审计性。

系统信息的可审计性是指系统能够被证实所有输入的交易是否真实、完整的能力。在信息化环境下，可审计性要求系统产生并保留有关的证明材料，保证处理的完整性和相关数据文件的真实性，支持对系统中某些信息进行查找和重新处理，为日后审计提供充分的审计轨迹等。在信息化环境下，由于大量传统的原文件不复存在，系统实施完成后再重新改进控制的成本高、难度大，因此最优的方案是在系统实施的同时对系统进行审计。审计应贯穿信息系统生命周期全过程。在建立系统的逻辑模型时，应设计有效的审计线索，提高系统信息的可审计性，以保障系统日后的运行效率和效果。

上述三个审计目标中，控制合法性与合规性以及控制的有效性同相应的控制要素的目标一致，系统的可审计性为审计要素所特有。由于本书研究的重心在系统逻辑建模的分析方法，故本章后续部分将着力点放在叙述审计要素的可审计性目标，以及在可审计性目标导向下的具体审计方法。

（2）审计的前提

审计要素是对控制要素目标、过程、结果的监督与评定，因此审计的前提是对控制的有效识别。在 REACA 逻辑建模过程中，审计要素的前提是对 REACA 模型中的控制要素的有效识别。上文中已阐述，REACA 模型中的控制要素包括业务控制和信息系统控制，其中业务控制又包括与业务事件有关的控制和与信息处理有关的控制，前文已分别对 REACA 中的这些控制要素进行了识别，因此已具备审计的前提。

（3）审计的依据

审计的依据是指审计要素的确立标准。REACA 模型中的控制是为了确保系统在为组织服务的同时，组织能对其进行适当地控制并保障系统安全，确保系统的经济性、有效性和高效性。审计要素作为对控制要素的管理活动，是为了支持内审部门对控制的运行情况进行适时检测，及时发现控制系统运行中的偏差，并提出消除偏差的建议。因此 REACA 模型中审计的依据来自于控制的目标、流程和方法，在确定了系统的具体控制目标后，就可以此为基础作为审计要素的标准。

（4）审计的对象

REACA 模型中审计的对象是 REACA 模型中各类控制规则的执行情况。与 REACA 模型中的控制要素相对应，审计要素也可分为业务审计和信息系统审计，而业务审计又包括与业务事件相关的审计和与信息处理相关的审计。因此，REACA 中审计要素的审计对象具体包括与业务事件有关的控制规则执行情况、与信息处理有关的控制规则执行情况、与信息系统有关的控制规则执行情况。

（5）审计的方法

REACA 模型中审计的方法主要有网络实时审计和预留审计线索两种。

网络实时审计是指企业内审人员借助 REACA 模型中的审计处理器，进行网络实时审计，监督相关控制规则的执行情况。当然网络实时审计可以采用计算机辅助审计方式，包括嵌入审计程序和运用审计软件等方法。

预留审计线索是根据企业内部审计目标和需求，对业务活动和控制活动进行恰当地日志记录，在业务发生的同时采集审计证据，以便日后审计之用。在 REACA 模型中，业务发生时触发控制活动并为管理、运营、审计业务提供审计轨迹。一项业务从交易开始，经过各个中间处理环节，到最后财务报表的生成都应当是可以追踪的。同样，审计人员根据财务报表中的信息也可以追踪到它的初始信息。这种审计轨迹的保留对于企业会计信息系统至关重要，如果企业能够对处理流程进行追踪，也能够对过程中的控制进行检查和评价，那么企业便可以正确评估业务处理结果的可靠性。

审计轨迹的设计用以记录系统、应用程序及用户的活动。审计轨迹可以支持重要的检查控制。典型的审计轨迹由两类审计日志构成：一类是每次键盘敲击的详细日志，包括记录用户的键盘敲击和系统的反应；另一类是由事件引发的日志，主要登记访问系统的所有用户的 ID、访问和持续的时间、访问中执行的程序，以及访问过的文件、数据库、打印机和其他资源，特别是执行前后状态和数据的记录。

网络实时审计和审计线索的预留均需借助审计处理器完成，审计处理器可能被业务处理器触发，也可能被报告处理器触发。

此外，在 REACA 模型下审计人员也可以采用手工方式、计算机辅助方式以及手工方式和计算机辅助方式相结合的混合方式进行传统的事后审计。

(6) 审计的性质

根据上述对审计机制的研究，REACA 模型中的审计具有前瞻性、连贯性和实时性等特性。

前瞻性：在 REACA 逻辑建模过程中，业务事件发生的同时触发控制处理器，也触发审计处理器对业务的审计线索进行预留，而控制处理器也触发审计处理器对控制的审计线索进行预留。会计信息系统在逻辑建模阶段就充分考虑到日后审计的要求，审计具有前瞻性。

连贯性：基于 REACA 模型的审计不仅要求在逻辑建模阶段就考虑系统日后可审计的因素，而且要求审计线索预留贯穿整个的业务执行过程和信息系统运行过程，因此有连贯性。

实时性：REACA 模型中的审计处理器使得内部审计人员能够进行网络实时审计，或者称为事中审计，因此审计具备实时性。

(7) 审计的局限

REACA 模型中审计要素的审计对象是 REACA 中的控制要素，既然控制要素本身的控制具备一定的局限性，那么针对控制要素的审计要素必然具备一定的局限性。此外，即使 REACA 中的控制没有局限性，审计本身也存在固有的局限性，如审计的独立性无法保证、审计的范围有限、审计的职责无法充分履行等。企业内部审计的重要性要求重视 REACA 模型中的审计要素，内部审计对于内部控制的重要作用使得必须依靠内部审计，但由于审计具有局限性，因此决不能完全依赖于审计。

4.5.3 REACA 模型中审计要素的结构

上述七个 REACA 模型中审计要素的内容并非简单罗列，它们组合起来构成 REACA 模型中审计要素的三维框架体系结构，如图 4 - 8 所示。

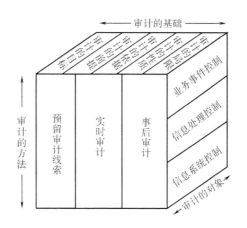

图 4 - 8 审计要素的结构

审计的目标、前提、依据、性质和局限是审计的基础，各种审计方式是审计的方法。具体而言，审计的对象决定了审计的目标，审计的前提（即控制的识别）依赖于审计对象，审计的依据是控制规则或措施的执行情况，审计的依据决定审计的方法，审计的方法决定审计的性质，也决定审计的局限性。整个审计结构的核心是审计目标和审计对象。

4.6 REACA 模型对 REA 本体的扩展

本书构建的 REACA 本体如表 4 – 5 所示。

表 4 – 5 REACA 本体类别

概念	含义
经济资源	商务过程拟规划、管理、监控的资源
经济资源类型	一组或一种经济资源
经济事件类型	一组或一种事件
经济参与者类型	一组或一种参与者
经济事件 　交换过程 　转换过程	 在某一时刻或时间改变资源的权属 经过一定时间改变资源的形态
经济参与者 　交换过程 　转换过程	 对某一资源拥有权利的组织或个人 对资源进行控制的人
类型关系	经济资源类型、经济事件类型同经济参与者类型之间的关系
责任 　交换过程 　转换过程	 表明组织内部的层次结构关系 表明一个个体对另一个个体的责任
二元性 　交换过程 　转换过程	 若干个流入经济事件与流出经济事件的关系 与生产、使用和消耗有关的事件之间的关系
参与 　交换过程 　转换过程	 经济参与者与经济事件之间的关系，参与者从中获得或失去资源的权利 经济参与者与经济事件之间的关系，参与者从中获得或失去对资源的控制
存量流量 　交换过程 　转换过程	 与权属变化有关的资源与经济事件之间的关系 与生产、使用和消耗有关的资源和经济事件之间的关系

续表

概念	含义
承诺 　交换过程 　转换过程	 表明对导致资源流入流出的经济事件的承诺 表明对导致经济资源的产生、使用和消耗的经济事件的承诺
契约进程 　交换过程 　转换过程	 承诺的集合，构成契约的组成部分 承诺的集合，构成进程的组成部分
控制 　交换过程 　转换过程	 对资源权属转移过程进行的控制 对转变资源形态过程进行的控制
审计 　交换过程 　转换过程	 对转移资源权属过程进行的审计 对转变资源形态过程进行的审计

本章小结

　　本章从企业总体的战略目标和管控总需求出发，探讨 REACA 模型的基本架构体系，并详细分析基于这种架构体系的 REACA 模型的特点。在认清 REACA 模型的架构体系和特点之后，进行 REACA 模型的必要性和可行性分析，以论证 REACA 逻辑建模的重要性和实践可行性。随后本章对 REACA 模型中的扩展要素——审计和控制进行深入探讨，并对 REA 的本体进行扩展，以期为第 5 章的 REACA 逻辑建模方法学研究奠定理论基础，并为第 6 章 REACA 逻辑建模的案例研究提供理论依据。

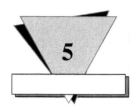

基于 REACA 模型的逻辑建模研究

本章在第 4 章 REACA 模型基本理论的基础上，进一步就 REACA 模型的建模方法展开探讨。

本章研究的对象是基于 REACA 模型的 AIS 逻辑建模方法，因此，首先比较分析逻辑建模的常用方法，明确基于 REACA 模型的逻辑建模的含义，目的在于说明 REACA 逻辑建模方法的独特性。

其次，这些常用的逻辑建模方法从不同角度描述了系统需求，为多角度描述系统，在基于 REACA 模型逻辑建模时，需要结合使用其中的业务流程图方法、数据流程图方法等。这些常用的逻辑模型与 REACA 模型共同构成基于 REACA 模型的 AIS 逻辑建模模型。

再次，着重论述 REACA 模型的描述工具和描述方法，抽象总结出 REACA 逻辑模型的描述规则，并在此基础上借鉴 REA 模型的建模方法和思路，构建 REACA 模型的一般建模步骤。

最后，在本章最后一节描述基于 REACA 模型的销售收款过程和采购付款过程的分析方法。

5.1　基于 REACA 模型的逻辑建模概述

5.1.1　基于 REACA 模型的逻辑建模含义

（1）基于 REACA 模型的逻辑建模的概念

逻辑模型：所谓模型，就是为了理解事物而对事物做出的一种抽象和描述。在软件工程学中，逻辑模型指的是用逻辑语言表示出来的业务状况以及业务分析视角的需求模型。

逻辑建模：在软件工程学中，逻辑建模是指在需求分析阶段，对研究系统进行抽象、描述、表达、建立逻辑模型的过程。通过该建模过程，最终形成系统中业务过程的功能模型、语义模型、信息模型、对象模型、动态模型等逻辑模型以反映业务过程中实体对象的逻辑内涵和它们之间的逻辑关系。较常采用的逻辑模型表述形式包括序列图、流程图、数据流图、判断树、对象图、实体关系图、用户示例图、状态图、活动图，等等。

基于 REACA 模型的逻辑建模：这是一种在信息化环境下整合业务过程、控制过程和审计过程的信息系统逻辑建模方法。基于 REACA 模型的逻辑建模方法提供建立系统逻辑模型的新思路，与传统的基于输出视角的建模方法相比具有明显的区别，它不再单纯从各种输出视图的需要出发来构造系统模型，而是强调建立包含控制和审计过程的业务过程模型来构造系统模型。

基于 REACA 模型的逻辑建模扩大需求分析的范围，通过 REACA 模型建立系统的逻辑模型时，不仅分析传统的业务过程，而且将业务的控制过程和相应的审计过程也一并纳入需求分析。与 REA 模型相比，基于 REACA 的逻辑建模更注重对控制事件和审计事件的甄别和提取。REACA 扩展模型要求在逻辑建模过程中，充分考虑控制方面的需求和审计方面的需求，实现对业务过程、控制过程和审计过程集成化的抽象、理解和表达。

该模型同时考虑在业务过程中记录必要的控制信息和相应的审计信息，便于在系统开发时将控制和审计程序内嵌到系统中，从而提高系统的自动控制能力并可以改善系统可审计性，为系统实施后的审计工作提供便利。

（2）逻辑建模常用的方法

逻辑建模方法有很多种，常见的有 Jackson 方法、ER 实体法、数据流图法、信息隐蔽法、面向对象方法、工作流方法，等等。

①Jackson 方法，该法在 1975 年由杰克逊（Jackson）提出。这一方法从目标系统的输入、输出数据结构入手，导出程序框架结构，再补充其他细节，就可得到完整的程序结构图。这一方法对输入、输出数据结构明确的中小型系统特别有效，如商业应用中的文件表格处理。该方法也可与其他方法结合，用于模块的详细设计。

②ER 实体法，该法主要用来对数据结构进行建模，多用于数据库设计中概念设计阶段。ER 图提供表示实体（即数据对象）、属性和联系的方法，用来描述现实世界的概念模型。

③数据流图法，该法采用图形方式来表达系统的逻辑功能、数据在系统内部的逻辑流向和逻辑变换过程，是结构化系统分析方法的主要表达工具，也是用于表示软件模型的一种重复图示方法。数据流图法主要是以功能为基础进行逻辑建模。

④信息隐蔽法，该方法指在设计和确定模块时，尽量将模块内包含的信息（过程或数据）包装起来，对于其他模块来说不能访问该模块内部的信息，这样设计的好处主要是降低系统的耦合性。

⑤面向对象方法，该法是一种将现实世界抽象成对象及其属性的建模方

法。对象是人们要进行研究的任何事物。该法不仅能表示具体的事物，还能表示抽象的规则、计划、事件。面向对象方法在当前计算机行业应用非常广泛，其概念和应用不仅用在逻辑建模上，还应用在程序设计和软件开发上。

⑥工作流方法，该法是面向业务流程抽象的一种建模方法。工作流是一系列相互衔接、自动进行的业务活动或任务，因此应用工作流方法主要是抽象出业务流程中多个参与者之间协作的任务和活动，并以一定的逻辑和规则前后组织起来。

(3) REACA 模型方法与其他方法的关系

上述方法分别从不同角度描述系统需求，例如 Jackson 方法侧重对程序结构的描述，ER 方法侧重对数据结构的描述，数据流图法侧重描述数据的逻辑转换，工作流方法则侧重分析业务活动的衔接。

REACA 模型方法与上述方法并不矛盾，它强调以事件为中心，以资源和参与者为基本属性，以与事件有关的控制和审计过程为重点分析业务事件。与上述方法相区别，REACA 模型更加强调在建模中对风险的识别和控制，因而 REACA 模型方法是一种从风险管理视角出发的业务事件建模方法。同时，在 REACA 模型方法中，部分借鉴了信息隐蔽法和面向对象方法的思想，强调以事件、资源、参与者为对象，分析可以封装的控制和审计规则。

因此，在基于 REACA 模型对 AIS 逻辑建模时，为全面描述系统需求，应当与其他模型方法结合起来，共同构成基于 REACA 模型的 AIS 逻辑建模方法。

5.1.2　基于 REACA 模型逻辑建模的工具

在逻辑建模方面已经有不少工具，比如数据流程图、数据字典、结构化英语、判定表和判定树、对象图、状态图等。REACA 逻辑建模方法需要与其他逻辑建模方法相结合，与其他模型工具互为补充。在基于 REACA 扩展模型进行逻辑建模的过程中，应当建立的模型内容如下。

(1) 功能分析，建立系统总体结构

通过功能分析，对系统的总体结构进行划分，由相应职能组成的子系统描述系统的功能模块。不同的组织，其职能子系统的内涵是不一样的。在实际工作中，子系统的划分常常根据该组织的职能机构及部门设置来确定，但这样划分往往会导致各子系统之间独立性较弱。科学的划分方法（特别是大系统）可以采用系统规划法中 U/C 矩阵来解决。

建模工具：U/C 矩阵。

（2）业务分析，建立业务模型

建立业务模型的目的是在理解现行系统的流程和不足的基础上，对业务流程进行优化，由业务骨干和业务负责人进行反复提炼，建立组织新业务流程，指出在业务流程图中哪些部分由计算机软件完成，哪些部分由用户完成。在建立 REACA 模型的基础上，可以明确信息过程，包括数据存储和数据流。

建模工具：业务流程图、REACA 模型。

（3）数据需求分析，建立数据流程模型

数据需求分析是指对企业管理所需的信息进行深入的调查和研究。数据需求分析的目标是建立全局的数据标准，为数据集成做好奠基工作，进而确定数据处理流程图以及划分数据流中的人机界面。

建模工具：数据流程图。

（4）数据存储分析，建立概念数据模型

概念数据模型是最终用户对数据存储的看法，反映最终用户综合性的信息需求。概念数据模型的目标是统一业务概念，作为业务人员和技术人员之间沟通的桥梁，它使数据库的设计人员在设计的初始阶段，摆脱计算机系统及数据管理系统（database management system，简称 DBMS）具体技术问题，集中精力分析数据以及数据之间的联系，与具体数据库无关。概念数据模型必须换成物理数据模型，才能在 DBMS 中实现。

建模工具：REACA 模型。

5.1.3 REACA 模型逻辑建模的描述方法

（1）REACA 模型的描述工具

实体—关系法（entity relationship model，简称 ER）的典型特点是其易用性。在现实生活中，人们通常用实体、关系和属性三个概念来理解问题。因此，ER 模型比较接近人的习惯思维方式。此外，ER 模型使用简单的图形符号表达系统分析员对问题域的理解，不熟悉计算机的用户也能理解它，因此，用 ER 模型来描述系统的逻辑模型，一个最大的好处是其可以作为用户与分析员之间有效的交流工具。

在面向对象方法中，对象是构成系统的基本元素，包括属性和操作两个部分。对象用于描述客观事物的一个实体，对象的属性是描述对象静态特征的数据项，而对象的操作是对象动态特征的体现，它通常是一个可执行语句或过程，对属性进行操作，从而实现某种服务①。对象之间通过接口相互沟通，每传递一个消息即触发一个事件，并引起内部方法的执行。对象的属性和方法都被封装、隐蔽在对象的内部，只有观测对象内部的时候，才能看到具体的属性和方法，在外部只能看到对象的外部接口。

面向对象方法逻辑建模的基本做法是用对象模拟问题领域的实体，以对象之间的联系来刻画实体之间的联系，其逻辑建模工具是 UML 类图。面向对象方法的 UML 图与 ER 图在逻辑建模方法上具有相似性：ER 图中的实体表示系统中持久的元素，UML 中的实体除表示系统中持久的元素外，还具有行为特征——操作。因此，可以认为 UML 中的实体是 ER 图中的实体所提供内容的超集②。

由此可见，ER 实体关联图在描述逻辑模型方面具有简洁易懂性，而面向对象方法具有对象静态属性和动态操作的封装机制。杜小明（1998）认为 ER 方法是软件系统分析时建立概念性数据模型的有效工具，但软件设计的本质在于数据处理，数据信息及其相应处理的分析是软件设计的主要目的。ER 模型能将问题空间直接映射成信息实体，但还缺少数据处理分析的支持，他提出面向对象的 ER 模型（OOER），将原 ER 模型扩展成信息模型和处理模型两部分，进一步增强原 ER 模型数据信息的图形表达能力和数据处理分析能力。③柯清超、李克东（2003）针对面向对象方法能更好地解决系统设计阶段的问题，使用面向对象方法进行设计，将面向对象方法与教学系统设计方法相结合建立了一套旨在解决学习系统软件建模问题的过程与方法（object oriented and instructional design），简称 OO－ID，并把这种基于"面向对象—教学设计"的学习系统软件建模工具称为 OO－ID 模型。④

本书借助 ER 实体关联图的形式、采用面向对象的方法描述 REACA 的逻辑模型，即 OOER 图，用于描述事件、资源及参与者之间的关系。REACA 模

①　范小平. UML 建模实例［M］. 北京：清华大学出版社，2005.

②　徐锋，陈暄. 面向对象建模基础［M］. 北京：中国水利水电出版社，2006.

③　杜晓明. 面向对象的实体关系模型（OOER）［J］. 计算机工程与应用，1998（3）.

④　柯清超，李克东. 学习系统的软件建模方法研究［M］. 电化教育研究. 2003.

型中的资源、事件和参与者均可抽象为对象或类（基于面向对象方法中抽象、信息隐藏和模块化的理念）；资源、事件和参与者的静态特征抽象为对象或类的属性，动态特征（如控制和审计）抽象为对象或类的行为。在 REACA 模型的研究中，试图借鉴面向对象软件开发方法的思想，将资源、参与者、控制和审计封装在事件内部。

除此以外，在面向对象的方法中，逻辑模型的描述工具还有用例图、类图、顺序图、合作图、活动图和状态图。其中：用例图用于描述客户的需求，通过用例模型，可以找出系统的主要功能，明确系统与外部的交互；类图用来描述系统的静态结构；顺序图、合作图、活动图和状态图用来描述系统的动态行为。这些描述工具与 REACA 模型并不矛盾。

（2）REACA 扩展模型的描述方法

该模型具体的描述方法如下。

①在每个事件与其相关的资源、参与者之间画一条直线，在直线上添加有一定意义的词或短语来描述对象之间的关系。每个事件至少与一项资源、一个内部参与者通过直线相连。

②用直线连接有直接关系的事件，表明事件在业务过程中的顺序。例如，在获取支付过程中，"向供应商订货"事件应导致"从供应商处接收货物"事件，这时用图形的方式来显示事件之间的关系。

③为提高模型的精确程度，精确定义关系的本质，可以用关系基数将系统中的数据联系起来。引入关系基数的概念是为了丰富描述语言，以求更精确地表示业务过程规则，定义存储和连接业务数据的数据结构。当决定关系的规则或特征改变时，关系基数也将改变。

关系基数的表示方法如下：对象 1（最小值，最大值）——（最小值，最大值）对象 2。例如：装运商品给顾客（1，＊）——（1，1）承运人，可以表示任意承运人可能参加 1 次或多次装运，而每次装运只能由一个承运人完成。

逻辑模型的描述图示详见本章后续部分。

5.2　基于 REACA 扩展模型的逻辑建模规则

根据第 4 章对 REACA 扩展模型对模型控制的层次划分，结合 REA 模型本体论的价值链模型研究[①]，可以将 REACA 扩展模型的建模层次分为制度层和操作层。制度层用以详细阐述 REACA 扩展模型的业务规则和控制规则，操作层用以规定应对用户特定需求的逻辑建模。在操作层，具体包括交换过程建模、转换过程建模和价值链建模，其中交换过程包括获取支付和销售收款两个过程。

5.2.1　REACA 交换过程建模规则

REACA 交换过程的目标是：为获得或失去与某种资源有关的权属，而失去或获得其他资源的权属。[②]

REACA 交换过程建模应把握的原则如下。

原则1，模型应该提供组织和其贸易对象之间进行的、与经济资源交换有关的信息，应保留组织所控制资源增加或减少的线索信息，应记录该资源的付出是为了获取何种资源。

原则2，模型应该与业务规则保持一致，应用软件设计人员应尽力使模型具有一致性、完整性和准确性。

原则3，每一个交换过程都至少包含一个使资源增加的事件（简称为增加事件），且每一个增加事件都至少与一个使资源减少的事件（简称为减少事件）相联系。这种增加事件和减少事件之间关系被称作二元关系，二元关系是多对多关系，表明在逻辑模型中，一个增加事件至少对应一个减少事件，反之亦然。

原则4，为了使交换过程增加组织价值，与增加事件有关的资源价值的增加总额应该大于与减少事件有关的资源价值减少总额。

原则5，每一个业务事件都有必须有一个确切的资源与之相联系，并且对于每一个资源必须有一个增加事件、一个减少事件与之对应。

原则6，每一个业务事件都与两个参与者有关。业务事件通过交换过程把资源的权属从一个参与者转向另一个参与者。模型中，对于每一个业务事件，至少有一个事件发起者、一个事件接受者。对于每一个参与者，可以与零个或多个业务事件相联系。实践中，这两个参与者分别代表具有不同经济利益

[①]　An Ontological Foundation of REA Enterprise Information Systems.

[②]　Model – Driven Design Using Business Patterns.

的两个实体。

交换过程的 REACA 模型如图 5 – 1 所示。

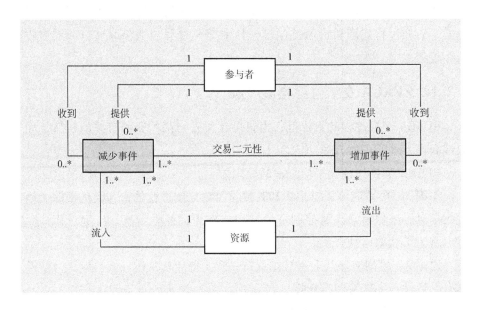

图 5 – 1　REACA 交换过程

5.2.2　REACA 转换过程建模规则

转换过程的目标，是通过使用或消耗某些资源，产生新的资源或者改变原有资源的特征。在转换过程中的业务事件可以改变资源的价值和特征。

每一个转换过程至少包括一个增加资源价值的增加事件和一个减少资源价值的减少事件。在转换过程中，增加事件和减少事件都是典型的期间事件。

在转换过程中，每一个增加事件通过称为"生产"的关系与一个资源相联系。"生产"关系意味着业务事件创造一个新的资源或者改变现有资源的某些特征。每一个减少事件通过"使用"或"消耗"关系与一个确定的资源相联系。"使用"关系意味着在减少事件后，资源依然存在，但发生一些特征改变。"消耗"关系意味着减少事件发生后，资源不复存在。

增加事件和减少事件通过转换二元关系相互结合，从而保留消耗或使用何种资源，以便产生其他资源的信息。转换二重性是一个多元关系，在逻辑模型中可以用一个转换二元性关系连接多个增加和减少事件。

转换过程建模的基本原则如下。

原则1，每一个增加事件必须通过转换二元性与一个减少事件相联系，反之亦然。

原则2，每一个增加事件必须通过生产关系与一个资源相联系。

原则3，每一个减少事件必须通过"消耗"关系或"使用"关系与一个资源相联系。

原则4，每一个业务事件必须同时通过"提供"和"接受"关系与一个参与者相联系。

REACA 扩展模型转换过程如图5－2所示。

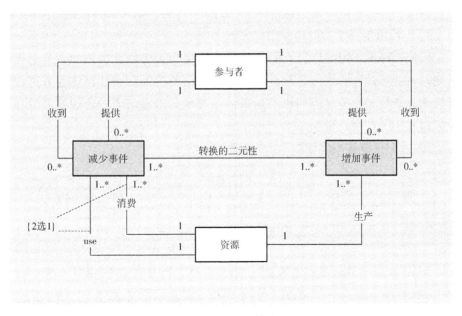

图5－2　REACA 转换过程

5.2.3　REACA 价值链建模规则

（1）价值链模型的含义

价值链的概念最早于1985年由美国哈佛商学院的教授迈克尔·波特提出，他认为："价值是客户对企业提供给他们的产品或服务所愿意支付的价格。每一个企业都是在设计、生产、销售、交货和对产品起辅助作用的各种活动的集合体。所有这些活动都可以用一个价值链来表示。"

价值链可以分成企业内部价值链、纵向价值链和横向价值链①。其中：企业内部价值链是为顾客提供产品的价值形成过程；纵向价值链包括从最初的供应商手里得到原材料到最终产品送到用户手中的全过程；横向价值链是所有在一组相互平行的纵向价值链中处于同等地位的企业之间相互作用所构成的具有潜在关系的链条。

关于价值链，通常认为有狭义价值链和广义价值链②之分。狭义价值链泛指单个企业和企业集团内部的价值链。广义价值链包含两个内容：一是以某一核心企业为主体的外部价值链；二是以多个核心企业为主体的有限闭环价值链或社会价值链。

本书所述的价值链是指通常所说的纵向价值链，即狭义价值链。

（2）价值链模型的建模原则

价值链建模思想的出发点是把企业整体作为一个增加价值的业务过程进行建模。业务过程的输入是从其他参与者获得的资源，或者在该业务过程中所耗用的资源；业务过程的输出是提供给其他经济参与者的资源，或者在该业务过程中所产生的资源。

REACA 价值链模型如图 5 - 3 所示。

图 5 - 3　REACA 价值链模型

REACA 价值链包含三个模型元素：REACA 转换过程、REACA 交换过程和 REACA 价值流。一个 REACA 业务过程或者是一个交换过程，或者是一个转换过程，不存在既改变资源特征又要在参与者间转移资源权利的"混合"过程。

REACA 转换过程是使用或消耗企业所控制的资源，产生新的资源或者改变现有资源某些特征的过程，例如，生产调度或提供服务。

REACA 交换过程是将企业某些资源的控制权转移给其他经济参与者，并因而获得另外一些资源控制权的过程。例如销售和购买过程中所有权发生转

---

① 孙茂竹．管理会计的理论思考与架构［M］．北京：中国人民大学出版社，2002.

② 杨周南．价值链会计管理信息化的变革［J］．会计研究，2005（4）.

移，而劳动力的获取和财务过程中导致转换使用权或其他权利。

资源价值流体现 REACA 模型过程之间的关系，这一关系表明一个事件所涉及的资源流入和流出，处于流程开始端的过程增加资源价值，流程结尾端的过程从资源中拿走部分价值。每一个资源价值流必须开始并结束于某个业务过程，每一个业务过程必须有一个流入和一个流出的价值流。从组织外部获得的资源或者流出组织的资源分别模型化为交换过程的输入和输出。

建立 REACA 价值链的步骤如下。

第一，考虑企业的环境，分析资源的来龙去脉。即资源从哪里来，又到哪里去。

第二，识别企业的业务过程。

第三，逐级分解业务过程，找出企业希望管理、控制的资源。逐级分解的层级取决于管理的信息需求，分解的层级根据企业的不同而有所不同。

第四，识别剩余的业务过程，例如计划、市场、会计、人力资源、法律服务，等等，并把它们加入到企业价值链中。这些过程消耗企业资源，但不能使用传统模型技术分析它们为企业价值的贡献。REACA 框架有助于分析这些过程的目标，以及分析它们是如何增加企业资源价值的。

第五，用 REACA 扩展模型对所有过程进行整合，并保证模型不违背行业规则。

上述建模过程，其优点如下。

一是，由于过程之间有设计良好的资源界面，应用软件设计者可以对每一个过程设计一个不同的应用软件。因此，REACA 价值链模型决定系统的层次结构。将每一个 REACA 过程作为一个独立的软件部分，可以使软件极大地适应用户未预料的业务变化，在一定程度上有利于避免"软件危机"问题的产生。

二是，REACA 价值链忽略过程之间的时间顺序。在现实中，时间顺序是多变的，而且在很多情况下，现实中很多过程是同时发生的，因此软件设计应该将关注点更多地倾向于过程的目标和过程所导致的资源变化。

REACA 价值链是由企业业务过程组成的网络。REACA 价值链模型并不描述业务过程的顺序、步骤和任务。时间顺序常常因为所采用技术的改变而发生改变，但是时间顺序的改变并不改变业务过程增加企业价值的基本方式。因此，价值链模型关注于业务过程的本质现象，同时吸收时间顺序的变化。

时间顺序直接体现在逻辑模型的关系基数表中，例如，转换过程"烤制蛋糕"不可能在资源"劳动力和原材料"获得前开始。

5.3　基于 REACA 的逻辑模型建模步骤

REACA 扩展模型是识别和表示业务过程及事件基本特征的规范的方法体系，这一规范的方法从整体上描述企业业务活动中的业务过程和业务事件。

5.3.1　了解企业的环境和目标

深刻理解所要分析的企业，是建立有效、完整的逻辑模型的前提。在开始分析具体的业务过程之前，应先分析理解企业的经营目标、所处行业状况、企业价值链关系、企业战略等。理解这些要素有利于发现企业业务过程中存在的问题，识别不能满足企业目标的过程和事件，找出重要的战略性业务事件。设计良好的信息系统的关键在于不仅要理解现有的业务运行和信息处理，而且要理解组织的目标、战略和所期望的业务过程。

在这一过程中，要以企业系统整体最优为目标，摒弃不合理的、落后的业务流程，采用流程重组的管理思想，对业务流程和信息流程重组，以充分利用信息技术的优势改善现有流程，提高企业信息化的效率。

5.3.2　识别和分析业务过程、控制过程和审计过程

（1）识别业务过程、控制过程和审计过程的含义

业务过程是指组织为实现某个业务目标而进行的一系列业务活动，是企业从采购、生产到销售产品和服务等一系列活动的集合。在系统分析中，通常采用系统的方法把业务过程分解为一系列事件。业务事件是业务过程的组成单元。业务过程的复杂性使系统分析的难度大大增强。识别和分析业务过程的内容包括：识别组织中应纳入信息系统的所有业务过程的集合，每个业务过程中所包含的重要战略事件。

控制过程是指保持事件预定的运动状态，使其不偏离目标的控制活动。控制过程本身不是价值增值过程，但其可以保持业务过程的稳定性。在现代会计管理中，要求将控制过程与业务过程充分融合，实现控制过程的前移。在 REACA 模型构建过程中，不仅要考虑与业务事件有关的控制过程，而且对

于独立于业务事件的控制过程，也需要在逻辑建模过程中予以考虑。

审计过程是对控制过程的监督、评价和报告。在 REACA 模型构建过程中，也需要对审计事件予以鉴别，主要内容是审计线索的预留。

（2）识别和分析业务过程、控制过程、审计过程的方法

在识别和分析业务过程、控制过程、审计过程时，可以使用业务梳理的方法。所谓业务梳理，是指按信息工程的思想方法来重新熟悉企业，以便能系统地、本质地、概括地把握企业的逻辑结构。识别业务过程要求在理解企业环境和目标的基础上，分析企业重要的战略性事件，并摒弃"事情一直是这样做的"的思维定式，在业务梳理的基础上对企业业务过程进行重组。

按照信息工程方法论，应遵循"职能区域—业务过程—业务事件"的三层结构来梳理业务。职能区域是对企业中的一些主要业务事件领域的抽象，而不是现有机构部门的照搬。例如，某制造厂的职能区域包括财务、材料、生产、销售、配送、会计、人事，等等。"材料"职能区域可能包括采购、进货、仓储管理几个业务过程；"采购"业务过程又可能包括"材料请购""选择供应商""材料订购"等几个业务事件。在业务梳理过程中，应着重分析整个流程，揭示上下游程序间的关系，区分增值性业务过程和非增值性业务过程，判断流程程序中是否存在浪费、拖沓，确定部门之间的依赖程度以寻求改进的方法。

职能区域、业务过程和业务事件的识别对于新系统逻辑建模工作非常重要，逻辑模型是信息系统大厦的基石，鉴于逻辑建模在整个系统开发中的基础性作用，新建立的逻辑模型必须使业务人员与信息技术人员达成共识。业务过程、业务事件的分析并非一蹴而就，需要一定的理论指导和反复讨论。

5.3.3 信息化要素的识别

信息化要素是指能够通过计算机自动处理，或者通过人机交互进行处理的构成信息系统逻辑模型的过程和活动。

在信息化环境下，并非所有的业务过程和业务活动都能实现计算机处理。信息化要素识别是指识别那些能够由计算机自动进行或通过人机交互进行的业务过程和活动，并将它们组织起来，构成系统逻辑模型；对于那些仍然需要由人工完成的业务过程和活动，不构成 AIS 软件系统逻辑模型的组成部分。因而，为得出逻辑模型，需要针对业务活动进行信息化要素甄别。例如编审"材料需求计划"业务活动具体分为采集各单位的材料需求信息、汇总需求信

息、对照当前库存信息、编制采购计划、采购计划合理性审查几个步骤。其中，采购计划合理性审查，是非结构化或半结构化的处理，不易全部实现自动化处理。因此，可将对基层单位材料需求的审查继续沿用人工方法，不构成 AIS 软件系统的逻辑模型要素。

5.3.4 按 REACA 扩展模型识别系统的要素

为了按照 REACA 扩展模型的基本框架，来构建信息化环境下信息系统的逻辑模型，需要在业务过程识别的基础上，进一步识别各业务过程中的事件、资源、参与者、控制要素和审计要素，相应的步骤如下。

（1）识别模型中的业务事件

REACA 扩展模型中包括组成业务过程的重要战略性业务事件。本步骤主要说明"发生何事"，同时以 REACA 扩展模型矩阵工作表（表 5 – 1）表示"事件为什么发生和如何发生"。

表 5 – 1 业务过程 REACA 扩展模型矩阵工作

业务事件名称	业务事件目标	业务事件触发器	业务事件风险	业务事件特征

首先，把组织分为不同的业务过程，以便分析每个过程中的业务事件。

其次，将业务过程分解成若干业务事件，分解的程度取决于企业想要计划、执行、控制和评价的级别。一个实用的指导原则是①：将事件分解到某一"恰如其分"的级别，低于这个级别的事件将无法描述业务过程的细节，而超过这个级别的事件又过于琐细，变得无关紧要。

最后，将有关事件的信息记入 REACA 扩展模型矩阵工作表。其中，事件触发器是引发事件的行动，包括先前发生的事件、外部实体的输入、内部参与者的决策，等等。

REACA 扩展模型中，事件的识别应遵循如下原则。

原则 1：当组织的一个部门或个人开始对某一活动负责时，意味着过程中的第一个事件发生了。

原则 2：忽略那些没有内部人员参与的活动。

---

① 杨周南，赵纳晖，陈翔．会计信息系统［M］．大连：东北财经大学出版社，2001.

原则3：当参与者由组织中的一人转移到另一人时，认为是一个新的事件。

原则4：当一个过程中断，而后又由同一人继续执行时，认为是一个新的事件。中断以后可能会由组织或过程外的人员继续执行，也可能按事件表由同一人继续进行。

原则5：用一个事件名称和描述来反映事件的本质。

逻辑模型是信息系统的基础，描述事件基本特征的数据将成为对信息用户输出报表的基础。如果省略事件的特征描述，就无法为信息客户提供决策所需的信息。

（2）识别事件涉及的资源和参与者

在本步骤中，要识别事件的如下特征。

①涉及哪些资源。业务事件将导致企业资源的流入和流出，从而影响资源库存的数量，因此对业务事件的描述应包括所涉及资源的种类和数量。对资源的描述，有利于保留业务事件引起的企业资源流动的线索，明晰资源的来龙去脉，加强资源管理。对资源的识别与描述应遵循的原则是：既不能忽略事件基本的细节，又要避免陷入无关紧要的琐碎细节之中。识别事件的参与者后，绘制资源表。

②涉及哪些参与者。业务事件的参与者包括内部参与者（如销售人员、管理者和检查人员）和外部参与者（如顾客和供应商）。参与者可以是人、组织或者与系统相交互的其他系统。在系统中参与者可以生成系统输入或者接收系统输出。

通过定义业务事件的参与者，不仅可以明确业务事件的参与者，而且可以明确其所充当角色的责任，例如该参与者是资源使用的授权者、批准者、保管者或者使用者等。识别事件的参与者后，绘制参与者表。

③事件的其他特征。事件的其他特征包括事件发生的地点、事件发生的时间等。事件可能发生在多个地方，当管理者需要收集时间、地点的数据，而又不能根据事件、资源和参与者得出事件的时间和地点时，可以在模型中设置时间、地点等特征属性。

（3）识别与事件有关的风险及相关的控制要素

识别事件的风险及相关的控制活动对于描述事件之间的关系、过程之间的顺序非常关键。本步骤是建立 REACA 扩展模型的关键。在本步骤中，要解决下列问题。

①业务事件的常态。业务事件的常态，即业务事件正确执行的状态。包括：事件发生的时间、地点、正常顺序、例外情况、执行时间、适当的授权和批准、事件所包含资源的合理数量，等等。

②识别业务风险。识别业务风险，包括识别与业务事件有关的风险和与信息处理有关的风险。与业务事件有关的风险包括：与资源有关的风险、与内部参与者有关的风险、与外部参与者有关的风险、与事件本身有关的风险四类风险。与信息处理有关的风险包括采集风险、维护风险和报告风险。

在调查业务事件时，还应考虑可能出现的错误。导致错误和违规行为的业务事件风险有：业务事件发生在错误的时间或错误的顺序、业务事件缺少适当授权、业务事件包含错误的参与者、业务事件涉及错误的资源种类和数量、业务事件发生在错误的地点，等等。

在识别业务事件风险之后，可以将其记入业务过程模型矩阵工作表（表5-1）中的业务风险栏和特征属性栏，以记载本步骤中获得的信息。

③抽取业务控制规则。抽取业务控制规则包括抽取业务处理控制规则和信息处理控制规则。业务处理控制规则包括：与资源有关的控制规则、与内部参与者有关的控制规则、与外部参与者有关的控制规则、与事件本身有关的控制规则四类。信息处理控制规则包括采集控制规则、维护控制规则和报告控制规则。此外，还需要抽取与业务处理过程和信息处理过程相关的制度规则、规范规则、标准规则和客观规则等。

业务控制规则要求业务事件在特定时间、按照特定的规则发生，并且启动或触发系统的预置控制响应。业务控制规则一方面要确保对象的行为以正确的顺序、方式发生，通过确定各个独立的行为序列将系统行为分解为可管理的各个部分；另一方面要向被触发事件传递控制信息，通知信息接受者发生了特定事件的信号或消息。

抽取业务控制规则应遵循的原则如下。

原则1：事件发生时，识别事件的授权控制。

原则2：记录与事件有关的资源数据的完整性控制。

原则3：识别事件参与者的不相容职位分离控制，确保交易授权和交易处理相分离、记录和资源保管相分离。

原则4：识别与信息处理正确性有关的控制。

④识别与信息系统有关的风险。此处识别的是与信息系统有关的一般风险。一般风险是指信息系统运行环境中可能存在的风险，具体包括计算机硬件风险、计算机系统软件风险、网络安全风险和数据资源安全风险。

⑤抽取信息系统控制规则。信息系统控制规则是指企业为了保证信息系统效率、完整一致性和安全性而应遵循的控制规则，具体包括信息系统效率规则、信息安全性规则和信息完整一致性规则等。此外，还需要抽取与信息系统控制相关的制度规则、规范规则、标准规则和客观规则等。

（4）识别审计线索

审计线索指的是对事件发生的轨迹进行备查登记，并为内部审计提供独立的数据接口。

本书以对资源控制的审计线索识别为例，来说明 REACA 扩展模型中审计要素的识别原则和内容。资源控制的审计线索如下。

①资源增加，只要将增加文件全部记录追加到固定资产卡片文件中即可。

②资源减少，在将要减少的记录从固定资产卡片文件中删除之前，必须将这些记录相应转入固定资产备查文件，然后才能删除。

③资产的内部调动，需要留有一定的审计线索。例如在固定资产卡片文件和备查文件中对原使用部门同时进行记录，不能只是把固定资产卡片文件中的使用部门修改为调入部门代码。

（5）识别并记录资源、事件、参与者之间的关系

从某种意义上讲，资源、参与者可以看作是事件的扩展属性。识别并记录资源、事件、参与者之间的关系对于理解事件的特征、属性非常重要。

在识别关系时，具体的做法是：每个事件至少和一项资源、一个内部参与者相关联；事件之间的直接关系表明事件在业务过程中的顺序；采用关系基数来提高模型的精确程度，资源、事件、参与者之间的关系有一对一，一对多，多对多三种。

5.3.5 构建业务事件的 REACA 模型

（1）构建业务事件 REACA 分析模型

在按 REACA 模型识别模型元素后，为保障逻辑模型描述的完整性和规范性，本书根据"图 4 – 1 REACA 框架图中的 REACA 抽取过程"的基本理论，绘制业务事件 REACA 分析模型，如图 5 – 4 所示。

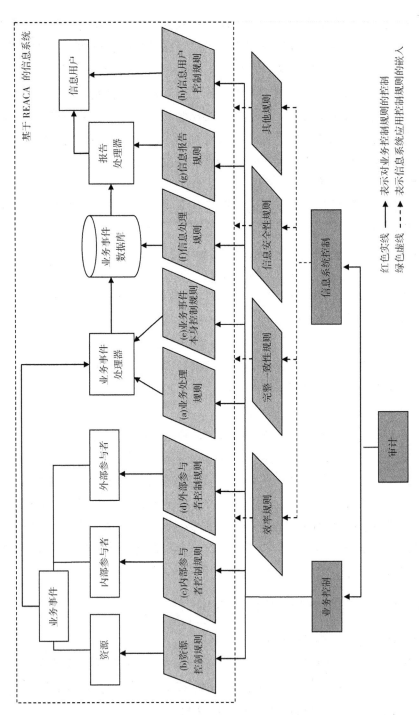

图 5-4　REACA 分析模型

根据图 5 - 4 所示，应详细分析如下内容。

①业务事件→业务事件处理器。应分析第 4 章所述的业务事件处理规则、对资源和参与者的控制规则、对业务事件的控制规则。

业务处理规则（a）是指在 REACA 模型图上体现的事件与资源、事件与内外部参与者，以及事件与事件之间的（1，1）、（0，*）、（1，*）规则；业务控制规则是指业务事件发生时触发的一系列控制规则，包括对资源的控制规则（b）、对内部参与者的控制规则（c）、对外部参与者的控制规则（d），以及对事件本身的业务控制规则（e）。其中，对资源的控制规则是指对业务事件中所涉及的资源应有的控制措施；对内部参与者的控制规则是指对业务事件中所涉及的企业内部参与者应遵循的控制措施；对外部参与者的控制规则是指对业务事件中所涉及的企业外部参与者应遵循的控制措施；对事件本身的业务控制规则是指，除对业务事件中所涉及的资源、内部参与者、外部参与者以外的综合控制措施，包括对业务事件发生地点等的控制。

②业务事件处理器→业务事件数据库。应记录、维护与业务事件有关的资源和参与者信息的变化。

③业务事件处理器→报告处理器。业务事件及相关信息存储进入业务事件数据库后，想要满足信息用户的需求，报告处理器需要满足一系列信息报告规则。

④报告处理器→信息用户。信息用户在通过报告处理器构建满足其需求的信息视图的过程中，需要满足两条重要的信息用户控制规则。

（2）构建业务事件的 REACA 模型

通过上述分析过程，构建基于 OOER 图的业务事件 REACA 模型，如图 5 - 5 所示。

图 5 - 5　请购事件 REACA 模型

图中"事件控制规则"包含了对业务事件、参与者和资源的控制规则，还有一部分控制规则体现在资源、事件、参与者之间的关系中。在实际建立 REACA 模型时，采用关系基数的形式表达。

对于业务事件 REACA 分析模型图和业务事件 REACA 模型图的绘制方法，将结合案例在第 6 章中详细阐述。

5.3.6　业务过程模型的整合

业务过程模型的整合是指通过业务过程的联系把各个业务模型连接成为一个统一的有机整体。

业务过程以两种方式相互连接：一种是共享公共资源，另一种是由一个过程中的事件触发另一个过程中的事件。例如，"接收商品"事件（获取支付过程）和"运输商品"事件（销售收款过程）通过商品这个公共资源相互连接。"接收商品"事件增加了持有商品的数量，"运输商品"事件减少了持有商品的数量；再如，现金是与"收取货款"事件（销售收款过程）相关的资源，并为执行"向销售商付款"事件提供资金。

销售收款过程及转换过程则通过事件紧密关联。"接受顾客订货"事件（销售收款过程）将触发"装配产品"事件（转换过程），"装配产品"事件（转换过程）又将进一步触发"接收原材料"事件（销售收款过程）。

需要说明的是，尽管可以将所有过程相互连接成整个组织的模型，但即使对小型组织而言，这个模型也是较大的和复杂的。

5.3.7　完成相关的数据表

在完成上述工作之后，将形成 REACA 逻辑模型的面向对象的实体—关系图（OOER 图），OOER 图的多少和复杂程度取决于系统的复杂程度和模型中连接的事件和过程的多少。建模过程中形成与逻辑模型相对应的一些数据表，主要有以下几种。

①标识业务事件并制作"事件表"。

②标识与业务事件有关的资源和参与者的信息，并制作"资源表"和"参与者表"。

③标识每个业务事件的系统响应和控制点描述，并制作"事件—控制表"。

④完成 REACA 扩展模型矩阵工作表。

5.3.8　评估和验收 REACA 扩展逻辑模型

REACA 扩展逻辑模型的评估和验收应基于建模人员与业务人员的共同参与，一起按照系统目标和系统应完成的功能等约束条件对已建立的 REACA 扩展逻辑模型进行理解和讨论，逐项验证各识别元素的正确性，及对模型提出必要的修正。修正一般包括将一个或多个业务事件分解为更细化的业务事件，或将事件合并。

建立 REACA 逻辑模型时，要充分利用需求分析资料和有关的信息系统知识、经验。在评估和验收逻辑模型时要特别注意如下两点。

第一，认真做好需求分析资料的复查工作，其中与逻辑建模直接相关的复查工作包括业务分析结果的复查和数据流程图的复查。复查不仅限于在系统分析员和业务代表中进行，而且要使业务部门负责人参与进来，最终达成共识。

第二，企业已有应用系统中行之有效的逻辑模块或程序模块应予以保留，还应吸收其他应用软件的有效模块，这些模块也应被加进系统逻辑模型。

5.4　基于 REACA 模型的逻辑建模分析方法

在 REACA 模型框架下，通过突出每个事件是什么——事件所涉及的资源，谁——事件涉及的内部参与者和外部参与者，怎么样——事件的控制逻辑，结果——事件的审计线索，来辅助分析业务事件，降低业务事件的风险。

不同组织业务过程中涉及的事件、参与者及资源略有差异，本节将概括性地分别讨论销售收款过程和采购付款过程的一般性范例。当然由于组织业务的复杂性必然导致系统分析工作内容庞杂，下文的列举只是阐明了一种分析和设计的方法，具体内容和做法未必详尽，这也是本研究需要不断扩展和延伸的意义所在。

5.4.1　采购付款业务过程建模分析

一般来说，采购付款过程的典型事件有请购事件、采购事件、验收商品或接受服务事件、付款事件，涉及的资源包括商品或服务、现金。从商品的社会属性来看，服务也可以看作是一种商品，同时为论述简便，本节将商品或服务统称为商品。业务过程划分为业务事件的数目取决于管理的要求，理论上可以根据管理的要求将业务事件分层细化。

（1）发出商品请求事件

事件描述：仓库管理人员或其他内部参与者根据企业管理制度的规定发出商品采购请求。

事件特征：参与者（仓库管理人员）、资源（存货）。

事件触发器：当某个经授权的内部参与者提出商品请购时触发该事件。

事件风险：由未经授权的内部参与者请购存货，请购实际并不需要的存货，请购商品的某些特征（比如类型或数量）与实际需求不符，由本不该提出请购的已授权参与者提出资源请购，不能及时发出商品请求。

控制要点：

①监控生产水平、销售水平、资本预算、销售预测等，识别对商品的请求是否符合企业需求。

②依据购置商品的类型确定归口管理部门，授予相应的请购权，并明确相关部门或人员的职责权限及相应的请购程序。避免未经授权的人员请购（通过口令、密码等只允许公司内定人员进行）。

（2）授权采购事件

事件描述：在商品请求发出后订货前的授权事件。

事件特征：参与者（采购人员）、资源（存货）。

事件触发器：当某个经授权的内部参与者提出的商品请购得到公司批准时触发该事件。

事件风险：授权的采购超过预算。

控制要点：对于超预算和预算外采购项目，应当明确审批权限，由审批人根据其职责、权限以及企业实际需要对请购申请进行审批。对于异常情况的单独标识，如设置"超预算请购"和"预算外请购"等字段。

（3）订购商品事件

事件描述：采购人员复查已经得到授权的商品，选择合适的供应商并与其商定本次购买的期限和条件。然后采购人员根据请购项目向供应商发出采购订单，并将此未实现采购订单送交验收部门。

事件特征：参与者（采购人员、供应商）、资源（存货）。

事件触发器：当某个经授权的内部参与者提交采购订单时触发该事件。

事件风险：供应商选择不当；订购未经授权；订购的商品类型、数量或质量与需求不符；订购条款或价格不合适；订货不及时，导致企业处于缺货或紧急订货状态。

控制要点：

①只有经过授权批准才能触发订购事件。

②订购价格形成控制。大宗商品或服务采购等应当采用招投标方式确定。

③采购价格，并明确招投标的范围、标准、实施程序和评标规则。其他商品或劳务的采购，应当根据市场行情制定最高采购限价，不得以高于采购限价的价格采购。系统应根据市场行情的变化适时调整最高采购限价。

④系统复查对应的请购事件信息，包括请购的参与者、涉及资源的相关信息。

⑤应充分了解和掌握有关供应商信誉、供货能力等方面的信息，并由采购、使用等部门共享。

⑥对于延迟订购事件，系统设置授权采购事件后到订购事件发生的时间间隔，对于超出时间限制的订购事件标识"延迟订购"等属性。

（4）验收事件

事件描述：验收人员在检查合法的未实现采购订单后，检查商品并将验收成功的商品入库或送到指定地点。通过验收事件保证收到的商品是原来发出请求的商品。

事件特征：参与者（验收人员）、资源（存货）。

事件触发器：当授权的验收人员收到来自供应商的商品时，触发本事件。

事件风险：收到的商品服务的类型、数量或质量等不符合需求，收到未订购的商品，接受商品的人未经授权，未能适当地移送或保管已收到的商品。

控制要点：

①根据规定的验收制度和经批准的订单、合同协议等采购文件，由专门的验收部门或人员、采购部门、请购部门以及供应商等各方共同对所购物品的品种、规格、数量、质量和其他相关内容进行验收，出具检验报告和验收证明。

②对于异常情况，负责验收的部门或人员应当立即标识"未通过验收"，并向有关部门报告。

（5）付款事件

事件描述：某个授权的财务经理向供应商支付货款。在付款时要复查支付的合法性以及客户的折扣期间及条件，以便决定支付的金额和时间。

事件特征：参与者（财务经理、供应商）、资源（存货、银行存款）。

事件触发器：当某个经授权的内部参与者向供应商支付货款时触发该事件。

事件风险：向未订购或未验收的商品付款，未能及时付款或不能支付货款，货款并未支付给发出商品的供货商，支付金额错误，重复支付同一张发票的款项，无正当理由的折扣损失。

控制要点：

①系统仅允许向已验收完毕的商品付款。

②按照系统自动生成的付款单据付款。

③对于支付完毕的发票加入"已完成支付"标识，并触发相应的会计记录。

④追查请购单号、授权号、订购单、付款等相应单号的审计线索。

5.4.2 销售收款业务过程建模分析

一般来说销售收款业务过程的典型业务事件有：营销事件、客户订货事件、装运商品或提供服务时间、收款事件。

（1）营销事件

事件描述：为了影响顾客决策采取的一系列活动，例如销售访问。

事件目标：告诉客户有关产品和服务的信息，从而影响客户来触发销售收款过程。

事件特征：参与者（销售人员和潜在顾客）、资源（商品）。

事件触发器：公司决定为其资源（商品）做广告时触发营销事件。

事件风险：销售人员在非目标客户身上花费了大量时间或销售人员的时间付出并不影响潜在客户的决策。

控制要点：在营销事件表中保存销售人员、客户偏好、现有商品、客户对未来购买的预期和要求、客户对商品的了解渠道等信息。这些信息对于分析客户偏好、营销手段效果、营销费用分析以及销售人员效率等具有重要价值，但在传统信息系统中并没有显示。

（2）接受订货事件

事件描述：销售人员或其他内部参与者帮助客户发出订单并收集订单数据。

事件目标：检查公司是否能够满足客户要求、客户是否符合信用条件，从而确认该订货事件是否有效。

事件特征：参与者（客户、销售人员）、资源（商品）。

事件触发器：客户预定产品触发该事件。

事件风险：接受某个不符合需要或未授权的客户的订单（如客户信用等级差），公司不能按时提供订单商品，接受订单的人未经控制。

控制要点：

①避免接受不在"已批准客户文件"（设计的程序中只将那些具有可接受信息评级的、信誉好的客户放入已批准客户文件）中的客户订单。

②避免不在"商品和服务清单"中项目的订货。

③避免未经授权的人员履行客户订单（通过口令、密码等只允许公司内定人员进行销售）。

④对于已取消的订单信息应尽快向下游事件部门传递，如果可能的话应阻止商品被移送到转运地点。

（3）移送货物事件

事件描述：仓库工作人员（内部参与者）根据合法订单上的销售订货数据从仓库中选出商品（资源），移送到装运地。

事件目标：确保商品的出库经过授权并已详细记录。

事件特征：参与者（仓库工作人员）、资源（商品）。

事件触发器：客户订货事件。

事件风险：商品的出库未经授权（如没有合法的销售订单），由未经授权的参与者发出商品，送到装运地的存货数量或类型不正确，将存货发送到错误的地点。

控制要点：可利用存货管理控制系统。

①准确记录商品从仓储到装运地的移送过程。

②记录事件日期、时间、地点、唯一的交易代码、仓库员工代码、选中要移送的存货项目及数量。

③对于当时得不到的商品，移送事件会将订货状态改为延期交货。

④对于延期交货情况，系统应通知客户和其他相关人员。

（4）装运商品

事件描述：装运人员将运送至装运地的商品进行包装，选择运货方式，将商品运送给客户。

事件目标：确保商品的出库经过授权并已详细记录。

事件特征：参与者（装运人员、运输公司、运输工具）、资源（商品）。

事件触发器：移送货物事件。

事件风险：由未经授权的人装运商品，在装运地等待装运的商品被盗，将商品装运给未订购该商品的客户，装错商品的种类或数量，商品的包装质量低下，货运商或运输线路选择不当，不能及时装运导致销售损失等。

控制要点：可以综合采用自动化控制和人工控制方式。

①人工控制：把商品存放在受控区域内，严格限制接触并实行安全检查。

②自动化控制：防止对事件没有记录或记录不正确。将信息系统与业务过程集成，利用信息技术在事件发生时以机器可访问的形式采集事件数据，有助于避免此类错误的产生。例如，信息系统可以自己控制由谁来装运产品和装运到哪里、设置口令可以防止未授权的内部参与者访问系统、计算机生成的访问标签可以避免商品发运错误。

③唯一的装运事件代码：标明装运日期，装运的商品数量清单，货运商及运输线路信息，装运人员标号，客户代码和销售订单识别码等。

（5）收款

事件描述：收款事件可能发生在销售时、装运商品时或更晚些时候发生。当收到支付的货款（最好以支票、汇票等非现金形式）时，公司雇员（内部参与者）记录来自客户（外部参与者）的付款，使用汇款通知单来记录该笔收入，然后将这笔资金（资源）存入银行。

事件目标：确保现金按时收取。

事件特征：参与者（财务人员、其他员工）、资源（资金）。

事件触发器：客户付款。

事件风险：现金短缺，挪用以及收款事件记录错误（包括客户已付款但未能记录、同一张发票的重复记录、贷记的客户账户与实际付款客户不符、所付款项存入错误的现金账户，等等）。

事件控制要点：事件风险采用制度控制、人工控制和信息系统。

①人工控制：对接触现金的人加以严格控制。

②付款方式控制：由于现金的流动性特征，电子转账作为付款方式的一种可以有效减少现金短缺、现金挪用的风险。电子转账可以直接将现金存入公司的银行账户并以可处理的形式采集相应的原始记录。

③自动化控制：采用计算机可处理的汇款通知单。当客户寄来汇款通知单并支付发票金额时，计算机可以读出汇款通知单上的信息，从而获悉付款金额及正确处理该项付款所需的客户信息。系统应对每日的现金收入金额与当天存入银行账户的总额进行比较，每月应根据内部财务纪律调整银行对账单。

④对于无法与某个具体客户建立联系的现金支付，系统应将该项事件标注为"未指定用途现金"。例如某公司以支票付款，但没有发出汇款通知单，而且开出支票的人与客户记录不符。对此，公司应当存入该笔资金并将该项业务标注为"未指定用途现金"。系统应能自动生成"未指定用途现金"业务列表，并尽快检查和纠正错误，使客户账户与客户付款相匹配。

⑤唯一的汇款通知单号：标明日期、现金收入识别码、客户识别码、雇员识别码、收到的金额、存入现金的科目代码、支付地点以及付款的支票号。

(6) 接受退回及折让

事件描述：由于商品不能达到销售合同或客户产品规格说明书中规定的质量标准，不能被客户所接受。客户在价格折让的基础上选择保留该商品或者客户选择退回商品。

事件目标：准确记录并处理需要退回或折让的商品销售。

事件特征：参与者（客户、销售经理）、资源（商品）。

事件触发器：客户要求退回及折让

事件风险：给客户一个未经授权的折让，批准折让或退回的参与者未经授权，已贷记退回的商品并未收到或没有入库。

控制要点：

①只有拥有权限的财务经理才能在权限内批准退回与折让事件。

②对已经贷记退回的商品加入特殊标识，比如"在途退回商品"。

③跟踪记录退回商品对应的销售事件号、出库号、装运号、收款事件以及退回事件的线索。

本章小结

　　本章从多种逻辑建模方法的对比出发，分析基于 REACA 逻辑建模方法以及该方法与其他方法的关系，详细阐述了 REACA 逻辑建模的步骤。在第 4 章 REACA 基本框架的基础下，本章针对图 4 – 1 中的 REACA 抽取过程，构建基于业务事件的 REACA 分析模型。构建 REACA 业务事件分析模型的目标是为了以业务事件为核心，规范地分析与业务事件有关的处理规则和控制规则，相关资源、参与者的控制规则，以及与信息处理有关的信息维护和报告规则。在业务事件 REACA 分析模型的基础上，本章进一步采用 OOER 方法建立了业务事件 REACA 模型。本章最后基于 REACA 模型对典型业务过程进行了简要分析。

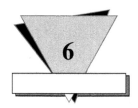

6

REACA 扩展模型逻辑建模的案例研究

本章用一个详细的案例进一步阐述基于 REACA 模型的逻辑建模方法，以期证明 REACA 模型的理论和方法对于构建控制和审计整合的信息系统逻辑模型的有效性和适用性。

6.1 BDYK 公司的基本情况

6.1.1 经营基本状况

（1）公司概况

BDYK 股份有限公司（以下简称 BDYK 公司）成立于 2005 年，是一个以提供固态存储和安全设备为主，拥有自主知识产权，集研发、生产、经营、销售于一体的高科技集团企业。BDYK 集团公司资产总额 20 亿元，公司员工 2 000 人，2009 年主营业务收入 9 亿元。

BDYK 公司的产品以其过硬的质量获得 3C 认证、ISO9000 \ ISO9001 认证，以及公安部信息安全评测中心、国家保密局涉密信息系统测评中心、中国人民解放军信息安全测评中心颁发的多项信息安全权威资质认证。公司为用户提供专业的存储与信息安全服务，在国内的政府、金融、军队、媒体、医疗、军工等行业拥有众多典型用户，并获得高度评价与认可。同时，公司产品远销俄罗斯、蒙古、吉尔吉斯斯坦、美国、加拿大、英国、德国等多个国家和地区。

目前，公司的发展战略是利用自身的知识积累，积极与高校合作，设立新的微电子研发中心和博士后工作站，争取在 5 年内使公司晋升为电子存储行业的领军企业，并进一步向成为世界级固态存储与安全服务商的目标迈进。

公司秉承"创新就是生命"的理念，以科技为源泉，以创新为动力，以灵活的经营机制、先进高效的产品谋求不断发展。

（2）组织结构

公司组织结构图如图 6-1 所示。

（3）经营状况

我国政府对信息产业的支持，带来了信息产业及相关行业的蓬勃发展，同时诸多 IT 相关公司如雨后初笋般地涌现，这导致行业竞争日趋激烈，利润率逐年下降。BDYK 公司同样也面临着新的挑战，如何保证产品功能的领先

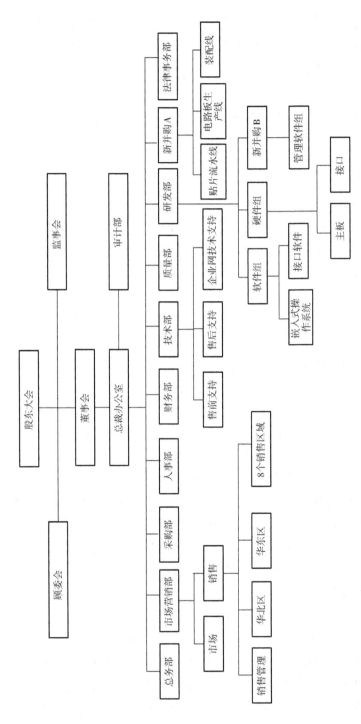

图 6 – 1　BDYK 公司组织结构

性、如何实施有效的产品成本和质量控制成为企业亟须解决的问题。

一方面，面对激烈的竞争，公司必须不断创新，通过技术创新巩固并发展自身的技术领先优势，以保证产品功能的领先性。BDYK 公司虽然具备自主知识产权与行业核心竞争优势，但 IT 行业的发展日新月异，为实现公司长远战略，企业必须根据行业最新动态以及自身情况，重点发展有竞争力的产品和技术，以求不断扩大公司技术领先的优势。在这一过程中，关键问题之一是精确计算产品标准成本和各订单产品的利润，快速确定产品的定制价格，着力推广高利润和高技术含量产品的销售和生产。

另一方面，随着企业规模的不断扩大，生产过程中的质量波动成为制约企业快速发展的一大障碍。BDYK 公司所处的行业决定其产品具有批量小、品种多、个性化订制和标准化生产并存、技术含量高、更新换代快、设备专业性强、产品质量要求严格、订单时间紧等特点。随着企业规模的扩大，面对日益增多的个性化订单，客户需求不断变化，交货周期不断缩短，以及成本竞争日趋激烈，作为军工行业存储设备的提供商，BDYK 必须严格确保所提供产品的高度可靠性，必须在缩短交货期的前提下，做好产品质量和成本控制。

6.1.2   管控现状分析

BDYK 公司由几家公司整合而来，自公司成立初始，公司就面临着内部变革与调整的问题。新并购并形成管理软件分公司（A）和电路板生产线公司（B）后，公司采用包括人员调动等多种变革方案，但各分公司仍是相对独立的经营单位，使整个集团企业形成了一个低耦合的管理模式，集团领导不能充分了解企业的实际库存占用资金、周转效率、应付账款等情况，不能充分实现公司合并的初衷，展现集团企业的优势。

在信息化方面，公司财务部门、人事部门、生产部门基本形成各自独立的网络体系，没有统一的技术支撑平台，销售订单与生产、供应、采购等环节处于不同的"信息孤岛"；信息系统运行于业务之上，不能实现业务信息与财务信息的集成，也不能实现会计业务一体化。

面对行业竞争日趋激烈的态势，公司管理层深刻意识到产品创新固然重要，但保证公司产品的质量、效率和效益仅靠产品创新远远不够，还应包括管理创新、设备创新等在内的全方位创新。强化对产品生产全过程的管理和控制是公司制定的管控目标。为此，公司按照管理需要结合财政部《内部控制指引》制定了详细的企业内部控制制度。但在实际业务活动中，公司尚存在串货、产品质量不稳定、不能按时交货、成本居高不下等问题。经过对公司内部控制的测试和评价，发现公司在内部控制方面存在两类问题：其一，内部控制制度的设置存在问题，比如采购经理的职责过大，缺乏必要的约束机制；其二，与制度相比，更为严重的是内部控制制度执行不到位。在制度执行过程中，多采用人工控制的手段，常常受到一些人为因素的影响和干预，控制的随意性较强。

为此，公司决定利用信息化手段缩短产品研发与生产周期、控制产品成本、稳定产品质量，提高企业运营流程和效率，提高决策质量。同时利用信息技术的优势固化业务流程，减少控制制度执行中的人工风险，实现制度化规范化管理，巩固集团产品的领先优势。

6.1.3 信息化需求分析

为保证公司信息化的效益，公司成立专门的信息化实施小组。该小组成立后经多方调研、咨询，制定公司信息化发展思路。

（1）整体化的思路

整体化思路是指信息化要以根本改善原来各部门、子公司各自为战的状况，服务于集团企业的整体战略目标，通过建立统一的信息管理平台，将集团整体业务纳入其中，消除集团内部的信息孤岛，推动业务活动快速有序地进行，提高管控的速度和效果，为企业决策提供有力支持。

BDYK公司整体化的思路要求在信息化环境下充分显示集团企业优势，实现集采购、生产、销售业务过程为一体的集中管理模式。具体包含以下两层含义。其一，重新设定组织结构，实现高度集权的组织管理。BDYK公司有些部门是从外部兼并而来，存在管理级次多、效率慢、管理人员重复等现象，公司决定借助信息化环境下沟通的便利性和快捷性，调整组织结构，在业务流程优化的基础上实现集团总部集中管理模式，即分公司、子机构的产供销、财务、人力资源及行政管理等都由总部对应部门直接指挥，一管到底。其二，实现在信息化平台上采购、销售、生产等各部门的整合。在信息化平台上采购、销售、生产等各部门的整合要求企业建立统一的信息系统，实现企业级信息的共享，消除各部门的隔阂，形成各部门有机协作的信息平台，促进业务信息的实时流动和业务活动的有序推进。

（2）会计业务一体化的原则

会计业务一体化的原则是指实现公司所有财务及业务体系在一个协同平台上运行，增强财务及业务体系的协同能力，使财务信息直接、实时反映业务信息，保障财务信息的及时性、准确性和主动性，以对业务执行情况进行有效控制评价。

由于公司产品的行业特征和公司规模的现状，公司赋予财务部门更多的管理职能，要求财务部在业务活动发生的同时，完成财务数据与非财务数据的采集、记录，并由系统自动生成会计凭证与报表。在记录、反映业务活动的同时，财务部还应积极行使会计控制的职能，综合判断业务活动的经济合法性、合规性、效益性，并对业务活动的运行进行适当干预。

（3）内控和审计同业务系统的整合

考虑公司目前控制中存在的问题，公司提出将内部控制嵌入信息系统、尽量以更多的计算机控制代替人工控制的设想。同时为改善公司治理结构，公司拟在董事会直接领导下设立独立的内审部门，内审部门的职责包括及时监督并发现企业运营中的问题、评价企业内部控制的政策和执行效果、不断完善企业的控制政策和程序，等等。为便于系统实施后内审部门开展工作，公司项目实施小组通过广泛调研，与第三方咨询公司共同提出将审计线索嵌入业务信息系统的构想。

把控制和审计嵌入信息系统中，能够保证控制活动和审计活动的规范运行。但这一设想的实现尚存一定难度，内部控制与业务过程的整合也是当前各 ERP 软件厂商极力解决的关键问题之一。

6.1.4 信息化方案选型

选择一家合适的 ERP 产品并非易事，通过对多家 ERP 产品进行比较，公司实施小组提出以下实施策略。

第一，ERP 系统要符合企业运作特点，要经济有效，易于培训和维护。ERP 系统上线后，需要对公司员工进行培训，因此系统是否符合企业运作特点、是否易于培训及维护是系统项目能否取得成功的重要因素之一。这也是众多"本土化"国产软件在 ERP 领域中的典型优势所在。

第二，考虑 ERP 产品的成本较大，以及业内存在的"ERP 黑洞"问题，公司决定采取第三方咨询的方式完成系统的二次开发。这样便于发现企业流程中的问题，将信息化与业务流程重组结合起来，同时多参与主体的开发模式也有利于彼此监督、相互促进，为保障企业信息化的效益打好组织基础。

第三，考虑公司的成长性及 ERP 实施的经济性，公司决定采取分步实施、逐步推进的方式。分模块完成系统的分析、设计、实施和测试，以便发现系统分析和设计中的问题，这样也能充分考虑信息化的成本因素，防止花很多钱投资并不实用的功能。

同时，BDYK 作为高新技术集团公司，正处于业务扩张与快速发展时期，随着集团业务规模的不断扩展和管理方式的变革，企业所依赖的信息平台必须能够不断地完善和更新，架构起一个可持续发展的信息平台。因此，在分步实施的过程中要求系统具有可扩展性和开放性。

6.1.5 REACA 逻辑建模方法的选用

考虑 BDYK 公司的具体运营状况、公司提出的特殊需求、实施中可能发生的需求变化，以及逻辑模型在整个系统开发中的关键作用，为保障项目实施进度，实施小组准备同软件公司和第三方咨询机构共同构建系统的逻辑模型。

逻辑建模的常用工具有：数据流程图、数据字典、结构化语言、判定表和判定树、对象图、状态图，等等。在建模过程中考虑 BDYK 公司的具体情况，决定整合业务活动、控制活动和审计活动进行信息化需求分析，构建控制与审计整合的业务驱动型会计信息系统逻辑模型，为此选取 REACA 模型方法作为系统逻辑模型的建模方法。目前国内还没实现控制活动、审计活动与业务活动在信息系统内的成功整合，REACA 模型在企业建模实务上的应用尚属首次。本次基于 REACA 构建 BDYK 公司 AIS 逻辑模型，是信息化环境下控制和审计整合的业务驱动型 AIS 逻辑建模的一次有益尝试。当然，鉴于 REACA 模型方法效果的未知性和实施的实验性，在使用 REACA 模型进行系统分析的同时，也采用其他常用的工具建立了系统的逻辑模型。

6.2 BDYK 公司业务过程分析

同一般生产企业一样，BDYK 公司的业务过程也可分为获取支付过程、转换过程、销售收款过程。其中获取支付过程根据获取的资源类型不同，可以分为存货的获取支付过程、人力资源的获取支付过程、固定资产的获取支付过程以及财务资源的获取支付过程等。BDYK 公司业务过程概况如图 6 - 2 所示。

在概括分析 BDYK 公司业务过程全貌的基础上，本书的后续内容将抽取对 BDYK 公司最为重要和管理最为混乱的采购付款业务过程展开详细论述，目的是在有限的篇幅内阐明 REACA 模型理论与方法在现实应用中的价值。在分析采购付款业务过程时，以业务流程思想为指导，对原有业务流程进行改进。

6.3 BDYK 公司采购付款业务过程建模

本节根据第 5 章中所述的 REACA 逻辑建模的一般步骤，建立 BDYK 公司采购付款业务过程的 REACA 模型。在建模时，首先，在分析现有业务过程问题的基础上，对业务过程加以改进；其次，采取逐步分解的思路分解业务过程，识别业务过程中的业务事件以及业务事件所涉及的资源和参与者；再次，了解业务过程中参与者的信息需求，这是建立 REACA 模型时对参与者权限控制的重要根据之一；最后，结合参与者的信息需求，以事件为中心识别业务事件的处理规则、控制规则和审计规则，建立采购付款业务过程中主要业务事件的 REACA 模型。

6.3.1 评析业务过程存在的问题

评析 BDYK 公司采购付款业务过程存在的问题，应采用由表及里的方法。首先通过观察业务过程，发现业务过程的主要问题表现，然后深入业务过程细节，探寻业务过程存在问题的具体情况及原因。

（1）BDYK 公司采购付款业务过程的问题表现

针对采购付款业务过程，BDYK 公司目前存在的问题主要表现如下。

①对资源（存货）的管理松散。具体表现为采购部门没有根据已经批准的采购计划或采购订单进行采购，盲目采购或采购不及时，出现超储积压或者供应脱档等情况。

②对责任人的约束松散。具体表现为审批薄弱、采购员收受回扣、验收员不严格验收等现象。

BDYK 公司采购量比较大，而且种类繁多。该公司的采购部下设两个科。

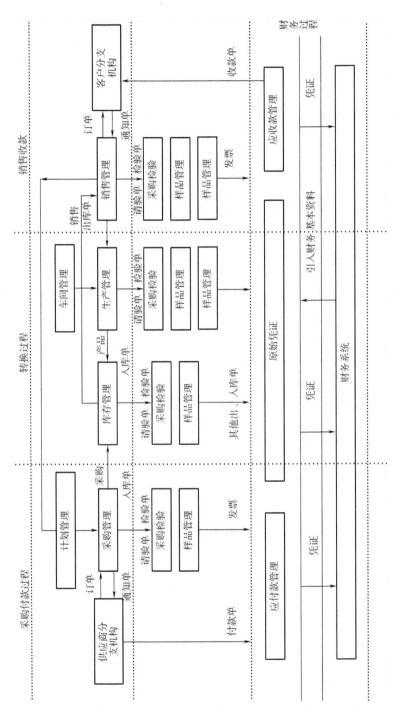

图 6 - 2 BDYK 公司业务过程概况

采购计划同时分到这两个采购科，由采购员用自己的供应商分别询价，最后形成询价结果。这个过程中重复劳动程度较大，效率不高，效果不好。存在人员没有进行比价采购，而是选择有回扣的供应商，导致采购材料出现质次价高现象。验收人员对采购玩忽职守，对采购材料未能严格地按照规定程序和要求进行验收。

③缺乏对业务活动的实时控制能力。缺乏业务过程的时效控制、实时控制，业务流程连贯性不强，不支持对业务过程中的异常现象进行预警、记录并保留审计轨迹。

（2）BDYK 公司采购付款业务过程问题分析

分析 BDYK 公司采购付款业务过程，发现 BDYK 公司存在如下具体问题，如表 6-1 所示。

表 6-1 BDYK 采购付款业务过程问题分析

序号	相关事项	制度规定	存在风险
1	采购订单的发出	申请→审批→发出订单	物资积压、资金占用不合理
2	付款	无	随意性强
3	供应商的变动	申请→审批	随意性强
4	已报销入账的文件	无	重复入账
5	大宗商品采购招标	超过 10 万元，向已选定的供应商招标	随意性强
6	物资入库验收	无	验收流于形式
7	库存物资盘点	定期盘点	账实不符、物资丢失

针对每个问题的详细说明如下。

①采购订单发出前未经财务审核。公司采购流程规定，仓储部应根据生产计划的要求和实际库存情况，提出采购申请，并经主管副总经理批准后向供应商发出采购订单。这项控制制度在仓储部库存管理比较准确的前提下是合理的。但是，一旦仓储部的库存管理出现失误就会出现继续采购已积压存货的错误，从而导致资金占用不合理情况的发生，因而增加经营风险。

为解决这个问题，应在采购控制流程中设置一个财务部审核控制程序，专门审核各种物资的生产需要量和现有库存量是否正确，以检查和防范仓储部的管理失误。同时应单独设立异常采购处理流程，处理经过采购员及主管副经理批准但不符合财务部审核控制程序的请购事件。对于异常采购流程要保留好相应的审计线索。

②付款无程序标准。公司采购流程规定，由财务部审核供应商的付款要求和采购的有关单据文件，并根据公司流动资金的周转情况决定是否付款、付款比例和付款时间。在公司流动资金充足和付款政策一致的前提下，这项控制流程规定是合理的。但是由于公司生产经营高速增长，流动资金紧张，无法保证所有的应付账款都能及时支付。在此情况下，财务部的付款政策执行具有一定的随意性。

为解决这一问题，应制定切实可行的付款政策，力求保证付款政策的一致性。对于特殊情况需要优先保证某供应商付款时，应由采购部提出申请，经财务部审核后报主管副总经理批准后执行。

③供应商变动随意。该公司的采购部下设两个科，采购计划同时分到这两个采购科。采购人员根据自己的供应商关系分别询价并发出采购请求，存在抽取回扣现象。

企业应当进行供应商评价控制，由企业的采购部门、请购部门、生产部门、财会部门、仓储部门等相关部门共同对供应商进行评价，包括对所购商品的质量、价格、交货及时性、付款条件及供应商的资质、经营状况等进行综合评价，并根据评价结果对供应商进行调整。面对紧急、小额零星采购情况，企业应当对供应商的选择做出明确规定。

对于小额物资采购，应当根据市场行情制定最高采购限价，不得以高于采购限价的价格采购。以低于最高采购限价进行采购的应以适当方式给予奖励。企业应根据市场行情的变化适时调整最高采购限价。

采购计划和临时性采购活动，必须经有关主管人员的批准后才能够执行。采购人员必须在授权范围内签订采购合同，不得越权采购。

④已报销入账的单据文件没有核销处理制度。公司在采购与付款业务过程中规定，物资采购业务结束后，财务部应根据有关单据的文件记录应付账款明细账，已报销入账的单据文件必须核销。在实际执行过程中，存在对已报销入账单据加印"已注销"标识后重复入账的情况。

为了解决这一问题，严格要求执行一张单据一次注销的制度，避免同一张单据的重复入账。

⑤大宗采购项目招标。制度规定，公司单次金额超过 100 000 元的物资采购都必须向已选定的供应商招标，由这些供应商提供招标文件，公司采购部编制采购招标分析表并确定最终供应商。在实际执行过程中，相当一部分业务没有完整的采购投标文件。

企业应当成立由企业管理层，以及来自采购、请购、生产、财会、内部审计等部门负责人组成的采购价格委员会，明确采购价格形成机制。大宗商品或劳务的采购等必须采用招投标方式确定采购价格，并明确招投标的范围、标准、实施程序和评标规则。

为了解决这一问题，应要求严格执行采购招标文件资料制度，财务部凡是招标文件资料不完整的采购业务一律不得入账和付款。

⑥物资入库验收流于形式。制度规定，采购的物资在入库时由仓储部有关人员进行清点和验收，确认实际入库物资的品种、规格、等级、数目等项目，保证入库物资信息的准确性。在实际执行中，有些仓储人员只对入库物资的品种进行检查确认，对于其他项目没有按规定清点验证，而是按照采购订单副联和供应商提供的货运单直接填写入库单。这样如果供应商的货运单发生错误，公司的入库记录就将随之发生错误，库存物资的管理就会出现混乱。当发生物资短缺的时候，无法确认是库存管理问题还是入库验收问题，更无法确认是哪个供应商的问题。

为解决这一问题，必须严格执行入库清点验收工作，由验收人员独立填写验收单，由系统完成验收单同相应订单和货运单的比对，以检查验收物资与货运单相符。对于系统检查不匹配的验收单和货运单，系统启动异常处理程序，立即通知采购部门与供应商沟通，并在异常处理文件中保留相应的验收信息，该异常处理信息还可作为采购部门评价供应商的重要参考。

⑦库存物资定期盘点制度流于形式。制度规定仓储部定期对库存物资进行盘点，以便及时掌握物资的实际库存状况。但实际情况是，库存物资定期盘点制度流于形式，导致年初的芯片和主要原材料毁损，不能满足新产品要求，造成材料贬值。年初购进的库存材料，由于芯片氧化和换代，存货流转不畅，一些在仓库中保留时间过长的原材料已经丧失其使用价值。同时，由于新产品变化较快，库存产品种类较多，也增加了物流成本、维修成本、管理成本。

为解决这一问题，在信息化环境下准确记录物资的来龙去脉，同时要求财务部对库存物资进行定期抽查，以确保仓储部有关库存物资的报告准确性。

6.3.2 采购付款业务过程的改进

通过对 BDYK 公司采购付款业务过程问题的分析，发现该公司采购付款业务问题的根源在于以下两点。

第一，对采购业务的管理松散。这点导致各单位在采购过程中，对采购业务的审批缺乏严格的规范的流程，很多职责都集于采购员一身，因而难于实施有效的管理策略。针对此类问题，公司拟通过新系统实现总部负责集中采购、集中储备、统一配送、统一结算的采购模式，制定业务流程来规范总部和分公司的整合管理，并对物资的采购权、订货权、验收权和结款权进行分离。

第二，公司针对不同的物资没有制定有差别的采购策略。由于年初的销售计划与实际每个月的销售出入很大，有些产品短缺，有些产品滞销，无差别的采购模式导致部分材料不足、断货，部分材料过多、材料存储时间过久已丧失使用价值等情况的发生。

BDYK 公司采购付款业务过程的控制目标是调整采购业务流程，改善库存结构，提高流通效率，提高库存等基础管理水平，实现库存状况的实时动态掌握。为此，公司计划对集团内物资实行统一集中采购、统一配送、集中结算的采购模式，并且根据 BDYK 公司采购存货的类别不同，对采购付款业务流程进行划分，制定分类采购策略。

（1）采购物资的战略类别划分

针对上述问题，参照卡拉捷克模型①，将公司采购的存货分为瓶颈类、战略类、常规类和杠杆类，设定公司存货分类矩阵，如图 6 - 3 所示。

其中，瓶颈类存货主要包括：FPGA 芯片、CPU、专用存储芯片、PXIE 芯片、E - PCIE 芯片、加固机框，等等。

战略类存货主要包括：FLASH 芯片（SLC、MLC 有三星、美光、INTEL），专用电阻，电容（耐高低温、耐高气压），电路板，特定接口芯片（HDMI、MINI PCIE），等等。

---

① 该模型由彼得·卡拉杰克（Peter Kraljic）在 1983 年 9 月发表于《哈佛商业评论》的《采购必须纳入供应管理》（purchasing must become supply management）中提出。

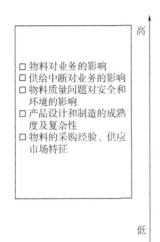

图 6-3 物料战略分类

常规类存货主要包括：线缆、专用螺丝、三防漆、抗震垫、光盘、防静电纸、宣传资料、质保书、工具、办公用品、劳保用品，等等。

杠杆类存货主要包括：电阻、电容、内存、缓存（2M、4M、8M）、PATA、SATA、接口芯片、物理接口、盘盒、机壳、防雷芯片、防浪涌芯片，等等。

（2）物资的分类采购流程设计

针对不同类别的存货，设置不同采购策略，采用有区别的集中采购、集中存储、统一领用的模式。如图 6-4 所示。

①对于常规类物资，关键的控制目标是减少采购成本，加速采购流程。按照经济订货批量和订货点的要求，发起采购请求。日常须维护好供应商及其存货供应信息。常规类物资的采购是一般性采购业务过程，由仓库管理员根据物料需求计划提出采购请求。

②对于占用资金量大、供应市场充分的杠杆类材料，关键的控制目标是增加存货的周转率。与供应商谈判、采用寄售库存是流程的关键。此类存货

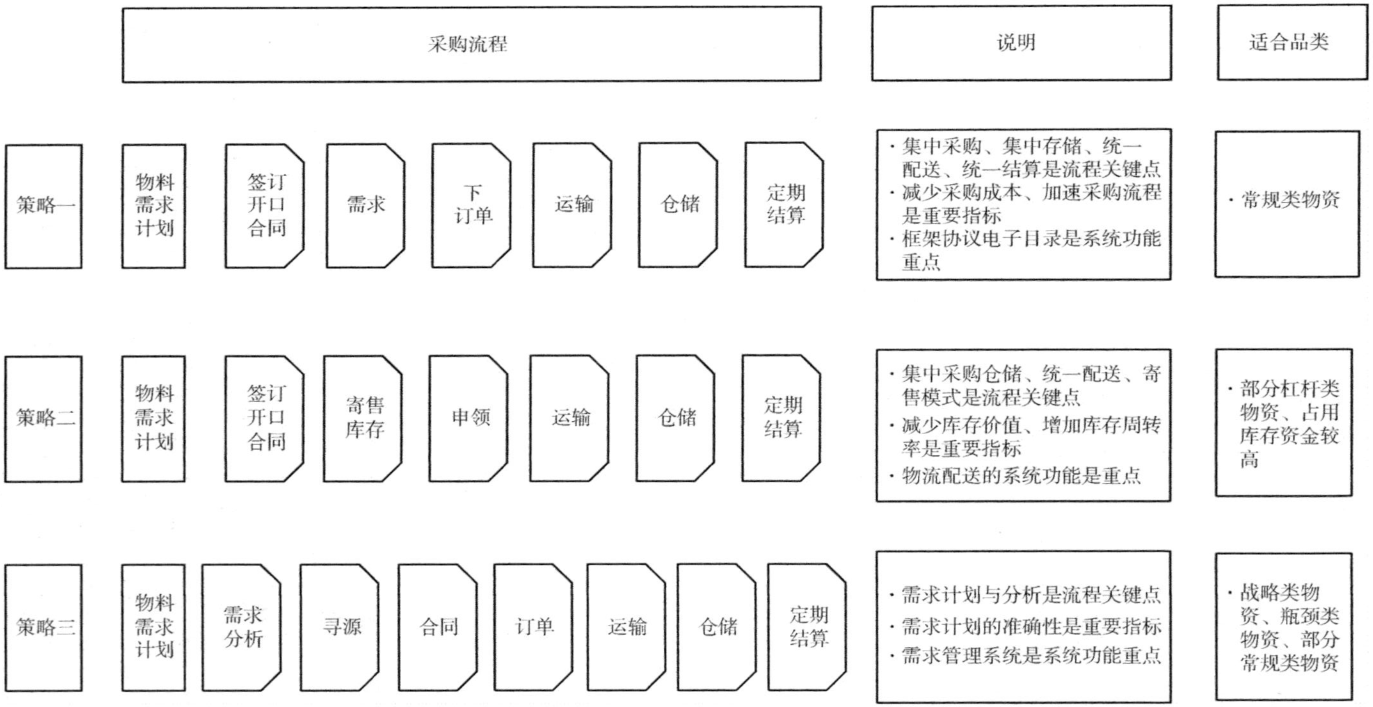

适合品类	说明	采购流程							
· 常规类物资	· 集中采购、集中存储、统一配送、统一结算是流程关键点 · 减少采购成本、加速采购流程是重要指标 · 框架协议电子目录系统功能是重点	策略一	物料需求计划	签订并口合同	需求	下订单	运输	仓储	定期结算
· 部分材料类物资、占用库存资金较高	· 集中采购仓储、统一配送、寄售模式是流程关键点 · 减少库存价值、增加库存周转率是重要指标 · 物流配送的系统功能是重点	策略二	物料需求计划	签订并口合同	寄售库存	申领	运输	仓储	定期结算
· 战略类物资、瓶颈类物资、部分常规类物资	· 需求计划与分析是流程关键点 · 需求计划的准确性是重要指标 · 需求管理系统功能是重点	策略三	物料需求计划	需求分析	寻源	合同	订单	运输	仓储	定期结算

图 6-4 BDYK 公司基于物料分类的差别采购策略

的采购由仓库管理员根据一定时期内各部门领用物料，提出采购请求。

③对于战略类和瓶颈类物资，需求分析是采购管理的重点。此类存货的采购由公司采购主管直接负责，在需求分析的基础上确定选择供应商，并与供应商就采购条款谈判，签订合同后，由采购部门提出采购请求。

通过上述业务过程 BDYK 公司可以实现如下效益：第一，根据不同物资采购特点，建立多样化的采购模式和流程，实现采购业务全过程的管理；第二，加强集中自动采购，通过共享集中采购开口合同信息，根据开口合同自动产生订单并自动发送给供应商，提高采购效率；第三，根据销售订单的信息及时修改物料需求计划，系统预警提示仓库管理人员触发请购事件，提高采购的及时性；第四，针对不同战略类别物资，制定差别化的采购策略，减少大存量存货的资金占用和存货在仓储保管中的贬值风险，改善采购资金分配不合理的问题。

6.3.3　收集业务过程参与者的信息需求

在 REACA 模型中，参与者是模型中的主要组成元素之一，也是信息化环境下人机控制不可或缺的关键角色，对参与者的信息需求分析目标是设置良好的人机交互接口，使组织控制及职能分离体现在不同的参与者权限上。

采购付款过程的信息使用者包括企业管理人员、业务人员、财务人员。在 REACA 模型下，信息使用者可以根据需求直接获取会计信息。因此在构建采购付款业务过程的逻辑模型时，需要分析信息使用者的信息需求特点，以使基于 REACA 模型的采购付款业务过程子系统能够输出满足使用者要求的信息。

（1）高层主管所需的信息

高层主管需要通过采购支付过程的信息来评价业务活动的有效性。他们关注供应是否能够有效保障生产进行，采购的零部件如果未能及时供给而造成停工的时间、天数，以及由此引发的经济和信誉损失；采购的物料成本在企业产品或服务成本所占的比例，未来的发展趋势如何；上游供应商所提供的物料品种、供货方式、采购费用是否能满足企业竞争战略要求；建立基准数据，比较分析行业或竞争对手在采购环节的成本信息；评价采购付款活动对企业业绩的贡献。

（2）采购主管与采购人员所需的信息

采购主管与业务人员需要了解各期采购申请单所购买的物料数量和需用

时间、汇总的需求信息、每批的订货费用信息以及购货折扣信息，以便进行经济订货量决策。采购人员需要获取有关供应商的资料，如服务质量、价格以及履约情况的信息，以评估选择的供应商，同时还要了解当期已批准并执行的订单、还未执行的订单信息以及付款的情况等。

（3）验收与保管员所需的信息

验收人员需要有关订货的明细信息，以避免收到非订购的、品质有问题或者数量不符的物料，以便于登记入库资料，并对存货进行有效管理。

（4）财务会计人员所需的信息

财务人员需要物料采购信息，以决定采购预算编制，计划筹措现金。会计人员需要采购、支付过程形成的各种原始数据编制会计凭证，核算采购成本，比较与计划成本的差异，了解应付账款情况，输出对内的各种管理报告和对外的财务报表。

6.3.4　按 REACA 模型分析采购付款业务过程

自顶向下、层层分解、逐步求精是软件工程的基本方法，也是人们面对复杂事物的分析方法。获取支付业务过程分析是在对 BDYK 公司业务过程了解和分析的基础上，对获取支付过程的细分，其主要目标是深入了解获取支付过程的目标、业务过程中的事件以及业务事件所涉及的参与者、资源以及相应的控制和审计活动。

（1）识别业务过程中的事件

REACA 模型中规范了三类不同的事件：业务事件、信息事件和决策管理事件，其中业务事件的识别是 REACA 建模的核心。业务事件是在业务过程中执行的向供应商提出商品采购的业务活动，其典型特征是每一项业务活动必须有资源和内部参与者的参与，并导致资源发生实际或潜在的变化，这也是区别业务事件与其他两类事件的关键。

按照 REACA 扩展模型的建模思路，BDYK 公司采购付款业务过程的主要业务事件如下。

①请购事件。企业根据市场需求生成销售计划和生产计划，为使物料既满足销售与生产需求，又防止过分采购造成存货积压，企业物料使用部门依据一定时期的产品需求量，结合产品结构信息，提出物料需求明细，仓储部门根据现存的库存量计算出请购量，提交请购单。

②授权采购事件。请购单提交后触发授权采购事件，采购部门和财务部门对请购单的确认生效，并将请购单报主管经理批准后，触发采购事件。

③采购事件。采购部门业务人员依据批准的请购单向不同供应商发出询价，在获取供应商的报价单后，比较供应货物的价格、质量标准、可享受的折扣、付款条件、交货条件和供应商信誉，确定合适的供应商并进行谈判。然后，业务人员根据请购的项目向供应商发出采购订单，同时也将采购订单送交验收部门、生产部门、保管与会计部门，以便合理安排生产、销售、收货和付款。

④验收和存储事件。企业所购得物料到达后，授权的质量管理部门、保管部门对物料进行验收与保管，收货的检验包括质量与数量是否与采购要求一致。

在供货方的货物验收入库后，仓库保管部门及时填写"入库单"，分别传送给采购部门和会计部门。

⑤付款事件。财务部门在取得供货方的发票和入库单等表示货物已验收入库、收货业务已完成原始凭证后，应及时审核这些活动的真实性，登记应付账款或按付款结算要求安排资金，及时付款。

（2）识别业务事件的参与者

识别业务事件涉及的参与者，填写业务事件参与者表，见表 6-2 所示。

表 6-2　业务事件参与者

事件	参与者
请购事件（E_1）	物料使用部门、仓储部门、项目部门、总务部门的工作人员
授权采购事件（E_2）	请购部门的主管和财务部审核人员
采购事件（E_3）	供应商和采购部门人员，采购部门具体包括采购业务经办人和采购部门的主管（审批订单以保证购货订单的有效性）
验收事件（E_4）	独立于请购、采购、财会部门的验收部门
付款事件（E_5）	供应商、财会部门主管、会计、出纳

（3）编制采购付款过程矩阵工作表

编制 BKYK 公司采购付款过程矩阵工作表，见表 6-3 所示。

表 6 - 3   BDYK 公司采购付款过程矩阵工作

业务事件	内部参与者	外部参与者	资源	事件目标
请购	库管员	无	存货	见上
授权采购	库管主管、采购员、资金预算员	无	存货	见上
采购	采购员	供应商、承运人	存货	见上
验收	验收员	无	存货	见上
付款	会计、出纳	银行	现金	见上

6.3.5   请购事件的 REACA 分析模型

由于对业务事件具体控制规则的提取与信息系统控制不具有直接关系，因此具体业务事件的 REACA 分析模型中，控制的内容仅包含业务控制和信息处理控制，而不包含信息系统控制的内容。根据第 5 章对 REACA 业务事件分析模型的论述，建立请购事件的 REACA 分析模型图，如图 6 - 5 所示。

对"请购事件 REACA 分析模型"的具体描述如下。

（1）业务事件→业务事件处理器

"请购事件 REACA 分析模型"中的业务处理规则如下。

一次请购事件，必须由一位请购员负责，即请购——（1，1）请购员。

一次请购事件，至少请购一种存货，可以请购多种存货，即存货（1，*）——请购。

"请购事件 REACA 分析模型"中的业务控制规则如下。

① 资源控制规则。

类型相符：请购的存货类型与实际需求相符。

数量相符：请购的存货数量与实际需求相符。

质量相符：请购的存货质量与实际需求相符。

②对内部参与者——库管员控制规则。

合法请购员：请购员是系统的合法用户。

有适当授权：请购员有权限请购该存货。

能查询存货库存数量清单：库管员要能够查询到存货库存数量清单，包括存放在不同仓库的库存数量汇总、每类存货的再订货点、经济订货量，以便及时、恰当发出采购申请。

<<< 160 >>>

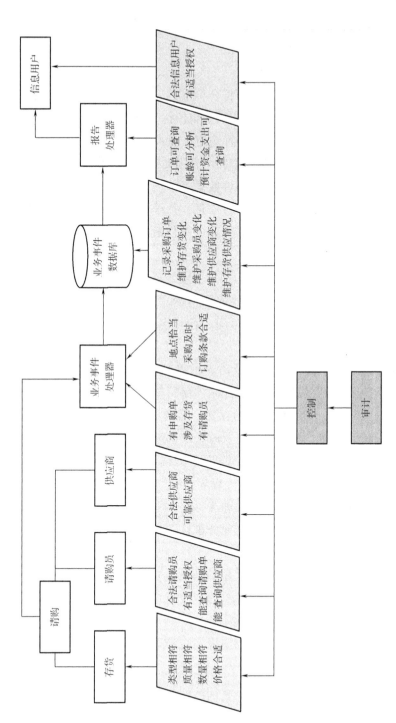

图 6-5 请购事件 REACA 分析模型

③对请购事件的业务控制规则。

请购及时：请购事件发出及时。

请购合规：请购符合再订货点和经济订货量规定。

非标准请购控制：对于紧急不符合标准的紧急请购事件，要在请购单据上注明"急件"，经过审批之后通知采购单位优先处理，请购人员要在规定的期限内补齐手续。同时系统启动预置响应，对该请购事件添加属性"非标准的请购"，详细载明异常请购单的信息，为相关控制留有线索。

（2）业务事件处理器→业务事件数据库

请购事件发生后，需要记录事件信息，并维护与事件有关的资源和参与者的信息变化。从业务事件处理器到业务事件数据库定义了信息记录、维护规则。

"请购事件 REACA 分析模型"中的信息处理规则如下。

①记录请购单：准确、完整地记录请购单上所有的详细信息，包括请购单号、请购人员代码、日期、时间、存货名称、请购数量、特殊请求或备注。

②维护存货基本信息变化：及时、准确地维护本次请购事件对存货资源的影响，包括存货代码、存货名称、存货规格、存货用途、计划价格、期初数量、日期等；如果请购新的存货，需增加存货表中存货的基本信息。

③维护请购员基本信息变化：及时、准确地维护与本次请购事件对内部参与者——请购员的影响，包括请购员职员编号、姓名、人员类型、学历、电话、住址、开始工作日期、底薪，等等。

（3）业务事件数据库→报告处理器

请购事件及相关信息存储进入业务事件数据库后，想要满足信息用户的需求，要满足的一系列信息报告规则。

"请购事件 REACA 分析模型"中的信息报告规则如下。

①请购可查询：能查询请购订单的列表及详细信息，供有关信息用户如验收人员、采购员、采购经理等查询。

②未实现请购单可查询：能查询未实现请购单，供请购员、采购员、请购授权人员监控存货请购事件情况。

③存货状态可查询：能查询所需存货的状态，供请购员及时调整请购种类的优先级别。

（4）报告处理器→信息用户

信息用户在通过报告处理器构建满足其需求的信息视图的过程中，需要满足两条重要的信息用户控制规则。

"请购事件 REACA 分析模型"中的信息用户控制规则如下。

①合法信息用户：信息用户是系统的合法用户，如验收人员、采购员、采购经理，等等。

②有适当授权：信息用户有权限构建相应的报告视图，请购审批人员能够查询所有订单，而请购员只能查询自己填写的请购单。

6.3.6　授权采购事件的 REACA 分析模型

建立 BDYK 公司采购付款过程的授权采购事件 REACA 分析模型的业务处理规则、业务控制规则、信息处理规则和信息报告规则，如图 6-6 所示。

（1）业务事件→业务事件处理器

"授权采购事件 REACA 分析模型"中的业务处理规则如下。

一次授权采购事件必须对应一个请购事件，一个请购事件只能对应一个授权采购事件，即请购（1，1）——（＊，1）授权采购。

一次授权采购事件必须由一位仓库主管负责，即授权采购——（1，1）仓库主管。

一次授权采购事件必须由一位采购员负责，即授权采购——（1，1）采购员。

一次授权采购事件必须由一位资金预算管理员负责，即授权采购——（1，1）资金预算管理员。

一次授权采购事件至少采购一种存货，可以采购多种存货，即存货（1，＊）——采授权采购事件。

"授权采购事件 REACA 分析模型"中的业务控制规则如下。

①对资源——存货的控制规则。

类型相符：授权采购的存货类型要与请购单相符。

质量相符：授权采购的存货质量要与请购单相符。

数量相符：授权采购的存货数量要与请购单相符（可以小于请购单，但不得大于请购数量）。

②对内部参与者——仓库主管控制规则。

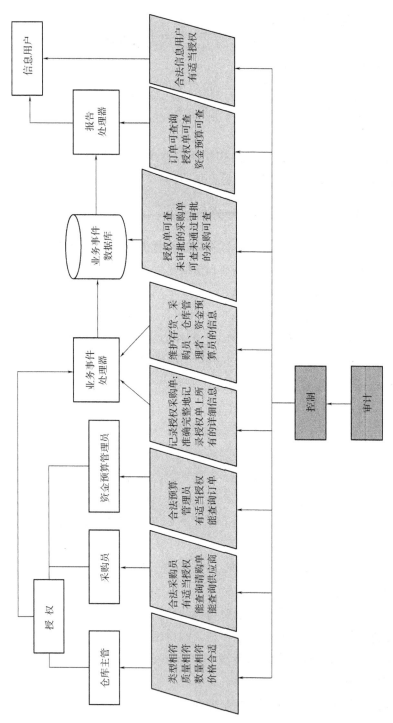

图 6 - 6 授权采购事件 REACA 分析模型

合法仓库主管：仓库主管是系统的合法用户。

有适当授权：仓库主管有权限对该存货进行采购审批。

能查询请购单、存货库存清单：仓库主管员要能够查询到请购单，包括请购者（库管员）和存货库存清单，以便确定是否批准请购事件。

③对内部参与者——采购员控制规则。

合法采购员：采购员是系统的合法用户。

有适当授权：采购员有权限对该存货采购审批。

能查询请购单、存货库存清单：采购员要能够查询到请购单，包括请购者（库管员）和审批者（仓库主管），以及存货库存清单，审查请求是否合理，并根据市场行情估算采购所需资金。

④对内部参与者——资金预算管理员控制规则。

合法资金预算管理员：资金预算管理员是系统的合法用户。

有适当授权：资金预算管理员有权限对该存货采购审批。

能查询请购单：资金预算管理员要能够查询到请购单及其状态，包括请购者（库管员）和批准者（仓库主管、采购员），以便在资金预算范围内进行审批。

⑤事件本身的业务控制规则。

授权采购事件及时：该授权采购事件及时准确，能保证所请购存货授权审批处理的及时性。

特殊授权采购事件控制规则：一般授权采购事件需经过仓库主管、采购员和资金预算管理员的批准，对于紧急请购事件，则需要公司负责采购业务的副总经理授权批准。

（2）业务事件处理器→业务事件数据库

"授权采购事件 REACA 分析模型"中的信息记录、维护规则如下。

①记录授权采购单：准确、完整地记录授权单上所有的详细信息，包括请购单号、请购人、审批人员（仓库主管、采购人员、资金预算员），以及各自审批日期、时间等信息。

②维护存货、采购员、仓库主管、资金预算员基本信息变化。

（3）业务事件数据库→报告处理器

"授权采购事件 REACA 分析模型"中的信息报告规则如下。

①授权采购单可查询：能查询授权采购单的列表及详细信息，供有关信

息用户查询，如授权采购人员、请购员、高层管理人员等。

②未审批的采购单可查询：能查询已请购但尚未进行授权审批的请购单情况，供请购员查明请购单的状态，并督促审批人员及时审批。

③未通过审批的采购单可查询：能查询已请购但未通过授权审批的请购单情况，供请购员及时调整，重新请购。

（4）报告处理器→信息用户

"授权采购事件 REACA 分析模型"中的信息用户控制规则如下。

①合法信息用户：仓库主管、采购员、资金预算员等信息用户是系统的合法用户。

②有适当授权：信息用户有权限构建相应的报告视图，如本事件的仓库主管、采购员、资金预算员能够查询所有请购单及授权采购单，而请购员只能查询自己负责的请购单及授权采购单。

6.3.7 采购事件的 REACA 分析模型

BDYK 公司采购事件的 REACA 分析模型，如图 6 - 7 所示。

（1）业务事件→业务事件处理器

"REACA 采购事件模型图"中的采购事件业务处理规则如下。

一次采购事件，必须对应一次授权采购事件，一次授权采购只能被采购一次，即授权采购（1，1）——（0，1）采购。

一次采购事件，必须由一位采购员负责，即采购——（1，1）采购员。

一次采购事件，只能向一个供应商发出采购，即采购——（1，1）供应商。

一次采购事件，至少采购一种存货，可以采购多种存货，即存货（1，*）——采购。

"REACA 采购事件模型图"中的采购事件业务控制规则如下。

①对资源——存货的控制规则。

类型相符：订购的存货类型要与请购单相符。

质量相符：订购的存货质量要与请购单相符。

数量相符：订购的存货数量要与请购单相符。

价格合适：订购的存货价格要与组织的价格管理需求相符。

②对内部参与者——采购员的控制规则。

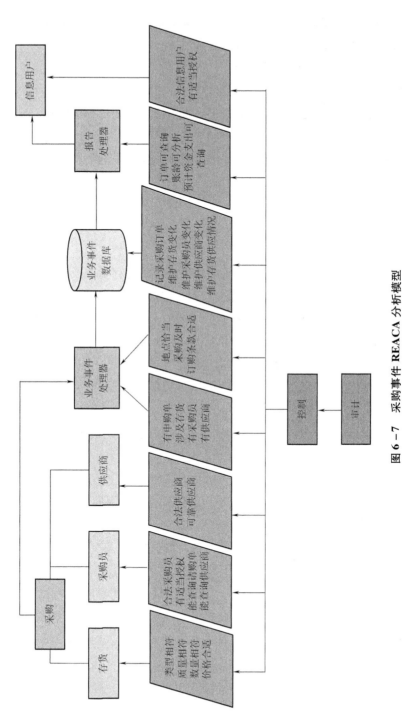

图 6 - 7 采购事件 REACA 分析模型

合法采购员：采购员是系统的合法用户。

有适当授权：采购员有权限订购该存货。

能查询请购单：采购员要能够查询到请购单，包括请购者和批准者，以便咨询和反馈。

能查询供应商：采购员要能够查询到供应商，以便选择供应商。

③对外部参与者——供应商的控制规则。

合法供应商：供应商是合法的，能为组织供应所采购类别的存货。

可靠供应商：供应商是可靠的，拥有良好的交易信誉，提供的产品可靠，无不良交易记录。

④对事件本身的业务控制规则。

地点恰当：该采购事件发生在恰当的地点，没有超出组织的支付范围。

采购及时：该采购事件及时准确，能保证所采购存货的及时性和可用性。

订购条款合适：采购合同中的条款合理，属于公平交易。

特殊采购事件控制规则：采购事件一般应从企业预定的供应商列表中选择采购对象，并且公司制定采购价格控制标准，一般情况下，采购订单的价格应该处于采购标准价格的范围内。

对于不在供应商列表中进行采购的事件以及采购价格超过标准价格范围的采购事件，要在采购单上标注"超出供应商范围""价格溢出"等标识，并由系统启动预置响应，将与该采购有关的事件信息、资源、参与者信息独立记录在审计模块，以便日后查验。

（2）业务事件处理器→业务事件数据库

"采购事件 REACA 分析模型图"中的信息处理规则如下。

①记录采购订单：准确、完整地记录采购订单上所有的详细信息，包括请购单号、供应商、采购人员、采购日期、采购时间、存货名称、采购单价、采购数量、进项税额、订货费用，等等。

②维护与本次采购有关的存货、采购员、供应商基本信息变化。

③维护存货供应情况：及时、准确维护与本次采购事件有关的供应商对相应存货的供应情况，包括供应商代码、存货代码、供应起始时间、基本价格、基准折扣，等等。

（3）业务事件数据库→报告处理器

"采购事件 REACA 分析模型"中的信息报告控制规则如下。

①订单可查询：能查询采购订单的列表及详细信息（包括未实现采购订单），供有关信息用户查询，如验收人员、采购员、采购经理，等等。

②账龄可分析：应付账款管理人员对采购事件相关的应付账款账龄进行分析，以便组织出纳人员及时付款，享受现金折扣、节省资金以及保持良好组织信誉。

③预计资金支出可查询：出纳人员对采购事件相关的应付账款能够进行查询，以便准确、及时付款。

（4）报告处理器→信息用户

"采购事件REACA分析模型"中的信息用户控制规则如下。

①合法信息用户：采购员是系统的合法用户。

②有适当授权：采购员能够查询当期已批准并执行的采购单、还未执行的订单信息以及付款的情况。采购主管能够查询各期订购单订购的存货数量和需用时间、汇总的需求信息、每批的订货费用信息以及购货折扣信息，以便进行经济订货量决策。

6.3.8 验收事件的 REACA 分析模型

BDYK公司验收事件的REACA分析模型，如图6-8所示。

（1）业务事件→业务事件处理器

"验收事件REACA分析模型"中的业务处理规则如下。

一次验收事件，必须对应一次采购事件，即采购（1，1）——验收。

一次验收事件，必须由一位验收员负责，即验收——（1，1）验收员。

一次验收事件，必须由一位保管员负责，即验收——（1，1）保管员。

一次验收事件，至少验收一种存货，可以验收多种存货，即存货(1，*)——验收。

"验收事件REACA分析模型"中的业务控制规则如下。

①对资源——存货的控制规则。

类型相符：验收的存货类型要与采购单相符。

质量相符：验收的存货质量要与采购单相符。

数量相符：验收的存货数量要与采购单相符。

②对内部参与者——验收员的控制规则。

合法验收员：验收员是系统的合法用户。

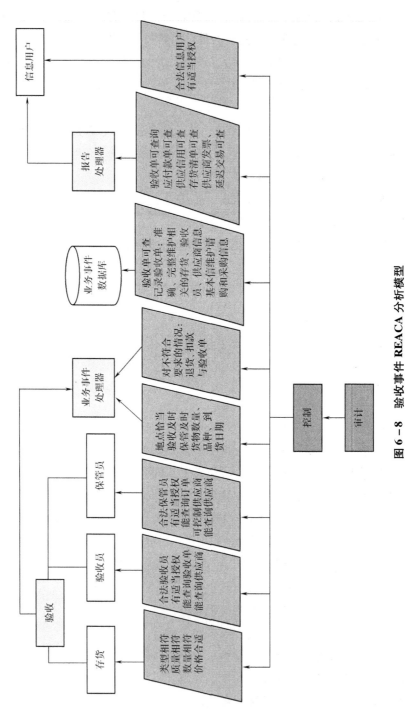

图 6 – 8　验收事件 REACA 分析模型

有适当授权：验收员有权限接受存货。

能查询订购单：验收人员需要有关订货的明细信息，以避免收到非订购的、品质有问题或者数量不符的物料，便于登记入库资料，对存货进行有效管理。

③对内部参与者——保管员的控制规则。

合法验收员：保管员是系统的合法用户。

有适当授权：保管员有权限接收存货。

能查询订购单：保管人员需要有关订货的明细信息，以避免收到非订购的、品质有问题或者数量不符的物料，便于登记入库资料，对存货进行有效管理。

④对外部参与者——供应商的控制规则。

合法供应商：验收单的供应商与采购订单的供应商相符。

真实供应商：存货确实是采购订单的供应商所提供。

⑤对验收事件的业务控制规则。

地点恰当：该验收事件发生在恰当的地点，没有超出组织的支付范围。

验收及时：该验收事件及时准确，能保证所采购存货的及时性和可用性。

保管及时：及时准确地将存货运往指定仓库。

特殊验收事件：验收事件一般应在货物运抵之后，由仓库根据订货单的要求对货物数量、品种及到货日期进行验收。

对于不符合采购单据要求的情况，通知采购经办人员与厂商协调补货、退货或扣款等事宜。同时在验收单中标明"与订单不符"，并详细填写验收单的数据。启动系统预置响应，将验收单和相应的采购订单一并存入审计模块，并记录对供应商资信的影响，以便日后查验。

（2）业务事件处理器→业务事件数据库

"验收事件 REACA 分析模型"中的信息处理规则如下。

①记录验收单：准确、完整地记录验收单上所有的详细信息，包括验收单号、授权批准单号、采购订单号、验收人员代码、供应商代码、仓储人员代码、验收日期、时间、供应商发票号、装运成本、销售税、移送仓库的时间、地点、移送的仓库号。

②维护与本事件有关的存货、验收员、供应商基本信息变化。

③维护请购和采购事件信息：及时、准确地维护与本次验收事件有关的

请购、授权批准采购、采购事件信息。

（3）业务事件数据库→报告处理器

"验收事件 REACA 分析模型"中的信息报告规则如下。

①验收单可查询：能进行验收单分析及汇总，支持特定时间的验收单分析，供有关信息用户查询，如验收人员、采购员、采购经理等。

②应付账款账龄可分析：应付账款管理人员对采购事件相关的应付账款账龄进行分析，以便组织出纳人员及时付款，享受现金折扣、节省资金以及保持良好组织信誉。

③供货商履约情况可查询：能够生成供应商履约情况分析报告，包括收到商品所花费的时间、已验收商品的质量状况等。

④存货清单查询：能够及时查询存货清单。

⑤供货商发票清单查询：能够查询供货商发票。

⑥延迟交货报告：能够生成延迟交货报告，及时了解延迟交货情况。

（4）报告处理器→信息用户

"验收事件 REACA 分析模型"中的信息用户控制规则如下。

①合法信息用户：验收员和保管员是系统的合法用户。

②有适当授权：验收员可以查询已采购未验收的订货单的部分信息，包括订货单的供应商、存货类别、数量、质量等，但屏蔽有关存货金额的信息。验收员所能查询的信息多寡以满足验收需求为标准，以尽量减少可能发生的盗取损失。

在传统模式下，验收部门根据已收获的每张订购单编制一式多联的、预先编号的验收单，作为验收和检验商品的依据。这一过程存在明显的弊端：验收人员在知道数量之后，可能不认真核实实收数量；单价与验收过程无关，标出单价，可能会为偷窃高额商品项目提供动机。所以，严谨的情况下验收单应该与采购单有所区别。

6.3.9 付款事件的 REACA 分析模型

付款事件的 REACA 分析模型，如图 6-9 所示。

（1）业务事件→业务事件处理器

"付款事件 REACA 分析模型"中的业务处理规则如下。

一次付款事件，必须对应一次验收事件，即验收（1,1）——付款。

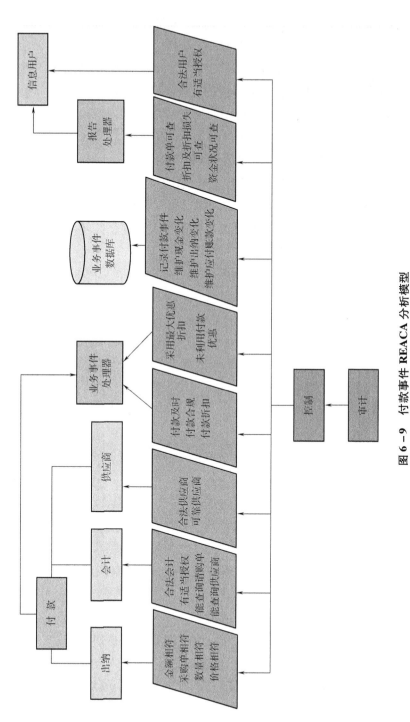

图 6 - 9 付款事件 REACA 分析模型

一次付款事件，必须有一位出纳负责，即付款——（1，1）出纳。

一次付款事件，必须有一位会计人员负责，即付款——（1，1）会计。

一次付款事件，只能向一个供应商付款，即付款——（1，1）供应商。

"付款事件 REACA 分析模型"中的业务控制规则如下。

①对资源——货款的控制规则。

金额相符：付款的货款金额要与采购单相符。

②对内部参与者——财务人员的控制规则。

合法财务人员：财务人员是系统的合法用户。

有适当授权：财务人员有权限处理应付账款业务。

能查询采购单和验收单：财务人员要能够查询到采购单和验收单，以便向已订购并验收的存货付款。

能查询供应商：财务人员要能够查询到供应商，以便向正确的供应商付款。

③对外部参与者——供应商的控制规则。

合法供应商：供应商已为组织提供了订购的存货。

可靠供应商：供应商是可靠的，供应商发票已经收到。

④对事件本身的业务控制规则。

付款及时：付款事件及时，已到期的应付款项必须列入"货币资金支出预算"中。

付款合规：符合"货币资金支出预算"并经总经理的审批后，方可办理结算与付款事宜。

付款折扣：付款考虑享受折扣优惠。

非标准付款事件控制：企业的付款事件一般应采用供应商偏好的支付方式，来最大限度地获得折扣优惠。对于超过付款优惠期限的付款事件标注"未利用付款优惠"并启动系统预置响应，将与付款事件有关的信息存入审计模块。

（2）业务事件处理器→业务事件数据库

"付款事件 REACA 分析模型"中的信息处理规则是如下。

①记录付款事件：准确、完整地记录付款单上所有的详细信息，包括支票号、现金科目代码、供应商代码、应付账款工作人员代码、付款日期、付款时间、支付金额，等等。

②维护现金变化：及时、准确维护与本次付款事件有关现金的变化，包括现金科目代码、银行代码、账户类型、期初余额、期初余额日期，等等。

③维护出纳变化：及时、准确维护与本次采购事件有关的对内部参与者采购员本身的影响，包括采购员职员编号、姓名、人员类型、学历、电话、住址、开始工作日期、底薪，等等。

④维护应付账款工作人员变化：及时、准确地维护与本次采购事件有关的对外部参与者供应商本身的影响，包括供应商代码、供应商名称、联系人、电话、地址等。

（3）业务事件数据库→报告处理器

"付款事件 REACA 分析模型"中的信息报告规则如下。

①付款单可查询：能查询采购订单的列表及详细信息，供有关信息用户使用，如验收人员、采购员、采购经理等。

②已利用的折扣及折扣损失可查询：应付账款管理人员对采购事件相关的应付账款账龄进行分析，以便组织出纳人员及时付款，享受现金折扣，节省资金以及保持良好组织信誉。

③预计资金支出可查询：能供出纳人员对采购事件相关的应付账款进行查询，以便准确、及时付款。

（4）报告处理器→信息用户

"付款事件 REACA 模型图"中的信息用户控制规则如下。

①合法信息用户：应付账款工作人员是系统的合法用户。

②有适当授权：应付账款工作人员有权限查询自己处理的付款单、未付发票清单。

6.3.10　建立采购付款业务过程的 REACA 模型

ER 图是系统需求分析的重要工具，在实际运用中常被用来反映事物之间的关系，它描述的是数据的静态数据结构，包括实体、关系、属性三个基本成分，但其必须和数据流程图、结构图结合起来描述信息系统。通过用 ER 图表示系统的概念数据模型，能够使信息用户和分析设计人员对信息需求、信息结构达成共识，而且独立于具体的数据库管理系统。

REACA 扩展模型的图示方法与 ER 图类似。在 REACA 扩展模型中，采用矩形框表示实体（资源、事件、参与者），采用实体间的连线表示实体间的关系，同时为了反映有关实体的动态属性，在 ER 图的基础上为实体增加了"操作"的属性描述，本书中称其为 OOER 图，并用这种方法作为 REACA 模型的逻辑模型描述工具。鉴于在本书第 5 章中已经阐述 REACA 逻辑模型的描述工具和描述方法，在此不再赘述。

(1) 基于 REACA 的采购付款过程逻辑模型

本章用 5 节的篇幅从业务处理规则、业务控制规则、业务信息处理规则、业务信息报告规则方面对业务过程中的业务事件进行详细分析。这些控制规则具体体现在对业务过程中资源、事件、参与者本身的控制以及它们之间的关系上。根据上述提取的控制规则，建立如图 6 – 10 所示的 REACA 逻辑模型。图示中的 $E_n.CP_n$ 表示对 E_n 业务事件的控制。

上图中的 $E_n.CP_n$ 的具体含义详见表 6 – 4 所示。

(2) REACA 模型中实现的控制

BDYK 公司采购付款业务过程 REACA 模型中实现的控制见表 6 – 4 所示。

表 6 – 4　REACA 模型中控制概括

业务事件	内容
请购 $E_1.CP_n$	[$E_1.CP_1$] 请购事件必须经过后续审批环节授权人员的签字批准，包括仓库主管、采购员和对这类支出负担预算责任的主管人员签字批准 [$E_1.CP_2$] 在请购人提交请购时由计算机分配唯一的请购号 [$E_1.CP_3$] 请购单输入的合理性控制，通过下拉菜单，记录校验（参照完整性控制） [$E_1.CP_4$] 建立日常采购存货类型、单价信息表，建立存货再订货点控制 [$E_1.CP_5$] 访问控制，授权的人员可以提出符合权限的请购
授权采购 $E_2.CP_n$	[$E_2.CP_1$] 授权采购事件之前必须有一个请购事件 [$E_2.CP_2$] 系统记录请购事件和授权采购事件的时间，并进行间隔时间提醒 [$E_2.CP_3$] 每个请购事件只能与一个授权采购事件相对应，完成授权采购流程的请购事件要标注"已授权" [$E_2.CP_4$] 请购申请必须经过对这类支出负担预算责任的主管人员签字批准 [$E_2.CP_5$] 请购申请必须经过仓库部门主管人员签字批准 [$E_2.CP_6$] 只有拥有授权采购审批权限的人员才能对"待审批"的请购单进行授权 [$E_2.CP_7$] 授权审批人员不可以是请购人员

续表

业务事件	内容
采购 $E_3.CP_n$	[$E_3.CP_1$] 每一张订购单都与一张请购单、一张授权采购单一一对应 [$E_3.CP_2$] 授权采购是防范这种风险的有效手段，系统自动通知采购主管有关的新采购，并记录授权采购单和订购单的录入时间差，设定时间间隔限制 [$E_3.CP_3$] 系统根据与采购订单对应的授权采购单生成采购单填写表，通过输入控制规避数量、单价、供应商、日期等数据错误 [$E_3.CP_4$] 建立日常采购存货类型、单价等信息表，并与采购过程相链接，建立存货再订货点控制 [$E_3.CP_5$] 制定完善的供应商选择流程，对于大额、重要的采购项目，采取竞价方式确定供应商 [$E_3.CP_6$] 只有授权的采购人员才能进入采购单填写界面，编写采购单 [$E_3.CP_7$] 定期审查及调整供应商的基本资料
验收 $E_4.CP_n$	[$E_4.CP_2$] 验收确认的存货及时移交仓库，并签字确认保管责任的转移 [$E_4.CP_3$] 提交验收单后，系统存储与验收有关的数据信息 [$E_4.CP_4$] 每个验收事件都与一个订购事件一一对应 [$E_4.CP_5$] 验收人员填制验收单，提交系统，由系统将其与订购单进行比对 [$E_4.CP_7$] 只有授权的验收人员才能编制验收单 [$E_4.CP_9$] 验收人员
付款 $E_5.CP_n$	[$E_5.CP_1$] 在记录采购发票前，必须要有一份验收单与之对应，并且当输入采购订单时，系统能够确定该验收单相应的采购发票是否已经输入 [$E_5.CP_2$] 未支付的账单必须自动保留并传输至应付账款管理人员，管理员可检查未完成付款的采购 [$E_5.CP_3$] 支票号与采购单、验收单相对应，支票一经签署，其相关联的凭单将被标识为已完成 [$E_5.CP_4$] 检查支票的收款人姓名和金额与付款单、支票的一致性 [$E_5.CP_5$] 现金管理制度 [$E_5.CP_6$] 供应商信息管理 [$E_5.CP_7$] 应由被授权财务部门的人员负责签署支票，支票签署人不应签发无记名甚至空白支票

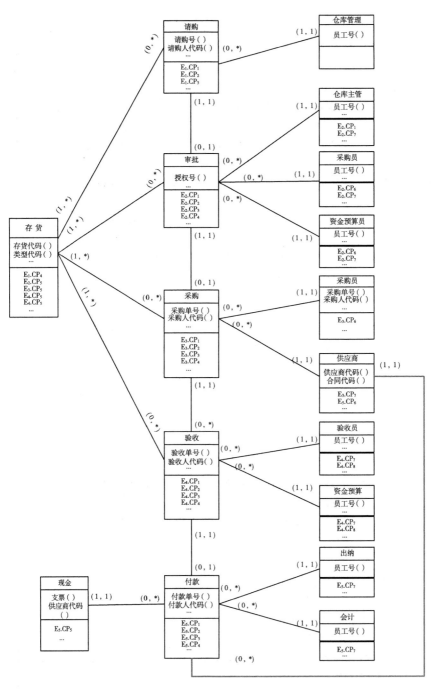

图 6–10 BDYK 公司采购付款业务过程 REACA 模型

（3）REACA 模型中的审计

审计要素的内容包括对控制要素运行情况的监督（包括异常控制的报告机制）以及审计线索的预留。除了保留系统日志文件等审计线索外，在 REACA 模型中通过关系基数和合理的数据记载预留审计线索，从而支持通过数据流确定审计轨迹。

①通过关系基数和合理的数据记载预留审计线索。REACA 模型中通过业务事件之间的关系基数、事件与参与者的关系基数、事件与资源的关系基数预留审计线索。例如：授权采购（1，1）——（0，1）采购，表明在发出采购订单时，一定要找到相应的授权采购单。

②通过数据流确定审计轨迹。通过上述对事件发生的合理的数据记载有效地保留了审计线索。因此，如果想验证资产负债表显示的采购存货的成本，可以从数据流中找到最初的请购单。从原始文档到财务报表的一连串证据构成了审计轨迹。

假设公司有三笔材料采购业务，如表 6-5 至表 6-10 所示。

表 6-5　请购事件

请购	请购日期	员工（请购人）	员工（主管）	供应商	项目	项目	单价	数量（个）
111	2019-02-05	11-113	11-004	112	221	电阻	2	10 000
112	2019-02-11	12-145	12-006	188	122	电容	3	10 000
113	2019-02-20	08-098	08-020	194	045	机壳	10	1 000

表 6-6　采购事件

采购订单	请购	请购日期	采购订单日期	员工（采购主管）	供应商
56	111	2018-02-05	2019-02-07	10-001	112
60	112	2018-02-11	2019-02-12	10-001	188
78	113	2018-02-20	2019-02-22	10-001	194

采购订单	单价	数量	项目	金额	发运方式
56	2	10 000	电阻	20 000	UPS
60	3	10 000	电容	7 500	UPS
78	10	1 000	机壳	12 800	UPS

表 6 – 7　验收事件

验收	接收日期	员工（接收人）	采购订单	项目	项目	数量
68	2018 – 02 – 14	22 – 11	56	221	电阻	10 000
82	2018 – 02 – 20	22 – 11	60	122	电容	10 000
90	2018 – 02 – 28	22 – 11	78	045	机壳	1 000

表 6 – 8　编制付款单事件

付款凭单	采购订单	验收	员工（应付账款会计）	发票日期	到期日	折扣率	已付
70	56	68	33 – 11	2018 – 2 – 12	2 – 22	0.02	否
75	60	82	33 – 11	2018 – 2 – 17	2 – 27	0.02	否
68	78	90	33 – 11	2018 – 2 – 25	3 – 8	0.02	否

表 6 – 9　付款事件

支票	付款凭单	支付日期	金额	兑现
102	70	2018 – 2 – 21	19 600	是

（注：表中灰色区域表示系统缺省）

表 6 – 10　采购—存货

存货	说明	单位	再订货点	计价方法	期初数量	购入数量	购入单价	金额
221	电阻	个	3 000	先进先出	1 500	10 000	2	20 000
122	电容	个	3 000	先进先出	1 000	10 000	3	30 000
045	机壳	个	300	先进先出	1 000	1 000	10	10 000

形成的审计轨迹如图 6 – 11 所示。

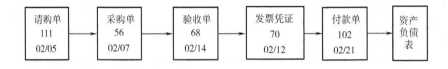

图 6 – 11　审计轨迹

③对异常情况的单独记录。对异常情况的单独记录是指当某些事件的发

生不符合系统内置的一般业务过程要求时，由系统触发一个记录过程，将此异常情况涉及的事件、参与者、资源等的详细信息保存到特定的模块，以便日后查找验证。

（4）REACA 模型形成的数据表

①事件表及其辅表。

表6-11 事件表及其辅表

表名	属性
请购	请购单号、请购员代码、请购部门代码、请购日期、时间、请购单位、请购数量、需求日期、是否特殊请购、特殊请求类型（紧急请购、超量请购）
授权采购	授权采购单号、请购单号、授权人员代码、授权审核标志、审核时间
订购	订购单号、供应商代码、采购人员代码、请购单号、日期、时间、结算方式编码、交货期、发运方式、订购价格、订购金额、增值税税率
验收	验收单号、订购单号、请购单号、验收人员代码、供应商代码、仓储人员代码、日期、验收时间、供应商发票号、移送仓库时间
付款	支票号、供应商代码、出纳代码、应付账款工作人员代码、日期、时间、支付金额
辅表	
请购/存货表	请购号、存货号、请购数量
授权采购/存货表	授权采购号、存货号、请购号、授权采购数量
采购/存货表	采购号、授权采购号、请购号、存货号、采购数量、单价
验收/存货表	验收单号、采购单号、授权采购单号、请购号、验收数量、验收质量

②资源表。

表6-12 资源表

表名	属性
存货	存货项目代码、存货名称、存货用途、再订货点、存货战略类型、存货规格
现金/银行存款	现金/银行存款科目代码、银行代码、账户类型、期初余额、期末余额

③参与者表。

表6-13　参与者表

表名	属性
请购人员	请购员代码、姓名、*存货战略类型*、*存货类型号*、电话号码、出生日期、开始工作日期
请购审批人员	请购员代码、姓名、*存货类型号*、电话号码、出生日期、开始工作日期
采购人员	请购员代码、姓名、*存货战略类型*、*存货类型号*、电话号码、出生日期、开始工作日期
验收人员	请购员代码、姓名、电话号码、出生日期、开始工作日期
会计和财务人员	请购员代码、姓名、电话号码、出生日期、开始工作日期
供应商	请购员代码、姓名、*供应商类型号*、电话号码、出生日期、开始工作日期

（注：表中斜体字是 BDYK 公司新增的控制字段）。

6.4　BDYK 公司采购付款业务过程 REACA 逻辑模型的效果评价

6.4.1　BDYK 公司采购付款业务过程 REACA 逻辑模型的有效性分析

实施控制的目标是识别、规避业务事件风险，使业务活动按照既定的规则发生。对于模型的有效性没有统一定义，针对模型的主要目标，本书将模型的有效性定义为模型是否能够通过业务处理规则、业务控制规则、信息处理规则等具体化描述对业务风险和信息处理风险的控制。

（1）BDYK 公司采购付款业务过程的风险

BDYK 公司采购付款业务过程的风险如表6-14所示。

表6-14　采购付款业务过程风险

请购事件（E_1）	
事件目标	保证原材料或商品的请购具备相应的授权，保证请购的材料或商品满足企业生产经营活动的需要

请购事件（E_1）		
事件流程	BDYK 公司从事大批量生产且产品生产相对稳定，材料保管部门在库存材料达到最低存量时提出请购单	
主要风险	BDYK 公司 E_1 的风险主要有：	
	请购事件	1. 记录虚假请求［$E_1.CP_1$］ 2. 请购漏记，或重复记录［$E_1.CP_2$］ 3. 记录数据项错误，如数量、类型、日期等［$E_1.CP_3$］
	存货	请购实际并不需要的存货或者请购的存货的某些特征（类型或金额）与实际需求不符［$E_1.CP_4$］
	存货管理人员	由未经授权的内部参与者提出请求［$E_1.CP_5$］
关键控制点	请购和审批岗位分离；请购须依据相应的标准，标准具体包括：采购预算、需求分析资料、库存标准及紧急采购制度的规定；请购单的信息应详细，应注明参考厂商、请购材料的质量要求、注意事项；等等	
授权采购事件（E_2）		
事件目标	保证原材料或商品的请购具备相应的授权与批准手续，保证请购的材料或商品满足企业生产经营活动的需要	
事件流程	请购单经过材料保管部门主管签字后送交采购部门，采购人员审查采购单上的请求是否合理，并根据市场行情进行采购所需资金的估算，签署同意采购的意见后，转送负责资金预算的管理人员进行审批；预算管理人员认为该请购符合经营目标并在制定的资金预算范围之内，签字后交采购部门办理	
主要风险	BDYK 公司 E_2 的风险主要有：	
	授权采购事件	1. 记录虚假授权采购［$E_2.CP_1$］ 2. 授权采购事件不及时，有些请购单长时间未授权［$E_2.CP_2$］ 3. 重复授权［$E_2.CP_3$］ 4. 授权事件超出公司预算［$E_2.CP_4$］
	存货	批准实际并不需要的存货，或者请购的存货的某些特征（类型或金额）与实际需求不符［$E_2.CP_5$］
	内部参与者	由未经授权的内部参与者授权［$E_2.CP_6$］ 由授权审批人员提出请购［$E_2.CP_7$］

续表

授权采购事件(E_2)	
关键控制点	请购和审批岗位分离；审批须依据一定的标准，包括：审批采购预算、需求分析资料、库存标准及紧急采购制度；依据一定的标准确定请购的审批权限；进行紧急采购的必要性审查和相应的责任追究；请购单的信息应详细，应注明参考厂商、请购材料的质量要求、注意事项；等等
采购事件（E_3）	
事件目标	综合比较各个材料供应商的成本，选择在满足采购要求的情况下最合理的采购对象和采购价格
事件流程	已授权采购的请购单送转至采购部门，采购部门负责相应材料采购的人员根据授权采购单及时填制订购单；并由专人审核订购单编制的过程和内容，包括复查有关供应商的主要资质、订购的品种、规格、价格、金额，是否具有经过请购部门主管批准的请购单作为支持；订单发出之前，还需要经过采购部门主管的审批，以保证订购单的有效性；订单发出之后，要及时将相应联传递给申购和验收部门，以便确认订单的正确性，便于验货

主要风险

BDYK 公司 E_3 的风险主要有：

主要风险	采购事件	1. 记录虚假采购单 $[E_3.CP_1]$ 2. 采购品质、数量未经核实，延迟记录或重复记录 $[E_3.CP_2]$ 3. 记录数据项错误，如数量单价、供应商、日期等 $[E_3.CP_3]$ 4. 采购人员选择不恰当的价格和供应商 $[E_3.CP_4]$
	存货	订购的存货与请购单不符 $[E_3.CP_5]$
	采购人员	由未授权的采购人员填写采购单 $[E_3.CP_6]$
	供应商	供应商的情况发生变化 $[E_3.CP_7]$

关键控制点	1. 供应商选择制度。根据采购存货的时间要求，在了解市场行情、参考过去采购记录的基础上，向三家以上供应商咨询价格，询价过程和供应商的报价要如实登记备案 2. 采购价格确定制度。在公司核定的最高限价下，与供应商谈判，力争以较低的价格签订采购合同 3. 采购订单的保管制度。采购订单是授权执行并记录采购业务的凭证，采购订单必须预先编号，并由专人对已经开具的订单进行保管

验收事件（E_4）		
事件目标	对采购物资的品种、规格、数量及质量进行检验，保证接收的物质满足采购订单的要求	
事件流程	所有采购的材料必须由独立的验收部门人员验收并编制验收报告；验收报告及时发送到请购部门以便安排使用或保存，发送到采购部门据以进行考核和处理，发送到财会部门作为记录和付款的依据	
主要风险	BDYK 公司 E_4 的风险主要有：	
	验收事件	1. 验收不及时 ［$E_4.CP_1$］ 2. 未能适当地保管已收到的商品，存货在组织内部的移送中发生错误 ［$E_4.CP_2$］ 3. 未能将验收情况及时告知有关部门 ［$E_4.CP_3$］ 4. 验收单的多记、漏记 ［$E_4.CP_4$］
	存货	1. 收到的存货的类型、数量与订单不符 ［$E_4.CP_5$］ 2. 收到的存货存在质量问题 ［$E_4.CP_6$］
	验收人员	1. 由未经授权的验收人员验收 ［$E_4.CP_7$］ 2. 不认真核实实收数量 ［$E_4.CP_8$］
关键控制点	验收事件必须由独立于请购、采购、财会部门的验收部门行使验收职能。验收人员应当严格按标准和程序进行检验，并对检验结果承担责任	
付款事件（E_5）		
事件目标	保证付款业务会计核算资料准确可靠及应付款项按期偿还	
事件流程	财务部在对采购发票、验收单等相关凭证的真实性、完整性、合法性及合规性进行严格审核、确认无误的前提下，办理付款	
主要风险	BDYK 公司 E_5 的风险主要有：	
	付款	1. 虚假采购发票的支付 ［$E_5.CP_1$］ 2. 现金未付或延迟支付 ［$E_5.CP_2$］ 3. 重复支付 ［$E_5.CP_3$］ 4. 错误的供应商或错误的支付金额 ［$E_5.CP_4$］
	现金	现金短缺 ［$E_5.CP_5$］
	供应商	供应商的真实性、资信状况 ［$E_5.CP_6$］
	财务人员	未授权的支付 ［$E_5.CP_7$］
关键控制点	主要是现金流控制，关键控制点具体如下：应付账款的审核和记录、负责人审批、财会部门主管审核、进行会计记录、与供应商对账、出纳对账	

（2）BDYK 公司采购付款业务过程 REACA 模型的有效性

这里通过核对采购付款 REACA 模型中的控制与采购付款业务过程的风险，比较说明 REACA 逻辑模型的有效性。REACA 模型中的控制与采购付款业务过程的风险对照如表 6 – 15 所示。

表 6 – 15　REACA 模型控制与风险对照

请购事件（E₁）	风险类型	控制效果			备注
		已完全控制	部分控制	未控制	
	$E_1.CP_1$	√			
	$E_1.CP_2$	√			
	$E_1.CP_3$		√		
	$E_1.CP_4$		√		
	$E_1.CP_5$	√			
	$E_1.CP_6$				
授权采购事件（E₂）					
	$E_2.CP_1$	√			
	$E_2.CP_2$	√			
	$E_2.CP_3$	√			
	$E_2.CP_4$	√			
	$E_2.CP_5$	√			
	$E_2.CP_6$	√			
	$E_2.CP_7$	√			
	$E_2.CP_8$	√			
采购事件（E₃）					
	$E_3.CP_1$	√			
	$E_3.CP_2$	√			
	$E_3.CP_3$	√			
	$E_3.CP_4$		√		
	$E_3.CP_5$		√		
	$E_3.CP_6$	√			
	$E_3.CP_7$			√	

续表

请购事件（E_1）	风险类型	控制效果			备注
		已完全控制	部分控制	未控制	
采购事件（E_4）					
	$E_4. CP_1$			√	
	$E_4. CP_2$		√		
	$E_4. CP_3$	√			
	$E_4. CP_4$	√	√		
	$E_4. CP_5$	√	√		
	$E_4. CP_6$			√	
	$E_4. CP_7$	√			
	$E_4. CP_8$			√	
付款事件（E_5）					
	$E_5. CP_1$			√	
	$E_5. CP_2$		√		
	$E_5. CP_3$	√			
	$E_5. CP_4$	√	√		
	$E_5. CP_5$	√	√		
	$E_5. CP_6$			√	
	$E_5. CP_7$	√			
	$E_5. CP_8$			√	

　　通过上表可以看出，一些业务风险和信息处理风险在模型中得到显示，另一些业务风险和信息处理风险并没有包含在模型内，还有一些风险介于两者之间。在基于 REACA 模型的信息系统实施后，业务控制的有效性取决于相应信息系统的有效性，因此在保障信息系统一般控制安全、有效的前提下，BDYK 公司重点要控制的是没有涵盖在模型内的风险。

6.4.2　REACA 扩展逻辑模型为财务会计预留接口

　　在现行价值会计的总账系统中，会计数据主要通过借贷形式来记录，然后分类汇总，最后产生财务报告。REACA 扩展逻辑模型也能完成财务会计的输出目标。

举例来说，表6-6中56采购事件的采购成本列在采购事件表（表6-6）和采购—存货事件表（表6-10）中，56采购事件的付款列在付款事件表（表6-8）中。

这些表格反映存货采购成本为 20 000 元，现金支出为 0 元，应付账款为 20 000－0＝20 000 元，不考虑相关税费，存货的入库成本为 20 000 元。即：

借：物资采购　　　　　　　　　　　　　　　　　　20 000
　　贷：应付账款　　　　　　　　　　　　　　　　　　20 000
借：库存商品　　　　　　　　　　　　　　　　　　20 000
　　贷：物资采购　　　　　　　　　　　　　　　　　　20 000

56 采购订单事件于 2018 年 2 月 21 日付款，相关表格的数据已实时更改。

从这些表格反映现金支出为 19 600 元，财务费用为 400，应付账款少了 20 000 元。

借：应付账款　　　　　　　　　　　　　　　　　　20 000
　　贷：财务费用　　　　　　　　　　　　　　　　　　　400
　　　　银行存款　　　　　　　　　　　　　　　　　19 600

由此可见，REACA 模型能够生成与现行价值会计总账分录相同的信息，这一结论并非偶然。传统面向输出视角会计中的复式记账法和会计科目表只不过是帮助使用者汇总和管理经营活动中大量数据的工具或方法。在这种会计体系中，采购付款过程的大部分数据被记入了采购及现金日记账、应付账款及存货明细账和总账。

使用事件驱动的体系结构时，日记账和总账成为逻辑输出视图。日记账是对业务事件数据的汇总，因此，用户可以从事件表中得到日记账。采购日记账就是一个包括了采购事件表的部分数据的输出视图。

明细账和总账的账户余额也来自于事件数据的汇总。总账中的应付账款余额等于采购事件表中的采购总额减去付款事件表中的支付总额。如果需要一张报表来汇总应付账款明细账，只需按客户来格式化输出，即可得到所需的信息。

6.4.3　REACA 扩展逻辑模型为管理会计提供数据基础

面对市场激烈的竞争，BDYK 等 IT 制造业公司发展的动力来源于需求和供给的持续同步增长。按照目前新产品的上市速度，顾客可替代的选择越来越多。如何减少库存、加快商品流通成了 IT 制造业中企业经营的重要战略内容，因此对采购付款过程的财务分析显得尤为重要。

REACA 扩展逻辑模型对企业的进、销、存数据资料实时掌握，支持对采购与付款业务过程中所涉及的资源、事件、参与者的财务内容进行分析，有利于明确经济责任、分析产品结构、改进供应商关系。

（1）有利于分析产品结构

REACA 扩展模型的资源表、采购—资源表能明确算出每个部门、每个分类、每个期间进、销、存数据。如果利用 POS 系统及 EOS 系统进行进销管理，则能实时掌握公司的销售资料及进货资料。在这些数据资料的基础上，有利于多角度分析产品结构。

改善经营管理的一个重要目标是不仅关注整个企业的营业额和营业利润，而且要分析不同类别、甚至不同品牌产品的营业额及营业利润。利用 REACA 扩展逻辑模型构建的会计信息系统，不仅明确非主打产品在本企业的营业额及利益，而且可以明确它所占的构成比例，借此明确采购、销售的弱点和转变采购方向。

（2）支持实时毛利率、存货周转率等分析

面向对象方法的 REACA 扩展逻辑模型，存储了资源类别的信息，因此支持对每一个分类毛利率的计算。由此，可以了解哪一个分类的获利能力好、哪一个分类的获利能力差，从而调整商品结构或强化弱的分类。

公司经营重要的一点在于加快存货周转率，因此需要计算每一分类、每一品名的周转率。在 REACA 扩展模型下，企业根据行业状况和自身历史信息可以指定存货周转率标准，并将这一标准嵌入信息系统中，当某种类型的商品周转率低于标准时系统产生预置的报警响应，提示管理人员关注。

（3）支持提供及时准确的现金流信息、账龄信息和折扣机会

在 REACA 扩展模型下，与事件有关的信息都存储在事件、资源、参与者等表中，可以支持提供事件、资源变动的信息。系统支持随时对采购付款过程的应付账款账龄和折扣机会进行查询，适当设置的系统可以完成对折扣期的采用提醒、超账龄的应付账款的适时遴选和分析，并追踪到相关的责任人。

（4）支持对供应商供货情况的实时查询

实时的供应商信息、付款历史记录和凭证，能在授权付款之前对供应商

逐个快速审查信息（如结转余额和未结项目），有利于改进供应商关系，谈判获得更优惠的合同和有效控制现金流。

上述内容列举了 REACA 逻辑模型的会计信息系统对实时财务分析的支持，但 REACA 扩展逻辑模型对财务分析的支持远不限于以上几点。REACA 扩展逻辑模型对财务分析的支持源于其事件驱动、实时和集成化的特征，其提供的详细原始数据是财务分析和管理会计工作的原料，由此不但能够改善财务分析的时效，而且能够使财务会计数据与管理会计数据集成于企业一个数据仓库中。在 REACA 扩展模型的会计信息系统中，财务会计与管理会计的区别在于根据不同的方法、规则、对象，展现经济业务本身多维的不同视图。

7

结论与展望

7.1　本书结论

本书在探索会计信息系统逻辑建模思想演变的基础上，从控制和审计整合的视角对 REA 模型进行扩展研究，提出基于 REACA 模型的会计信息系统逻辑建模思想，并深入阐述这一模型的基本理论内涵和技术方法。通过本研究可以得出如下结论。

（1）REACA 扩展模型是基于语义集成的 AIS 逻辑建模模型

与复制业务数据实现集成方式相区别，REACA 模型提供现实世界和数据世界相一致的数据共享策略，是一种基于语义的集成。REACA 模型架构以数据库为核心，实现现实世界中事物与数据世界中数据的映射，现实世界中的每一个事物都通过数据表与数据世界中的数据相对应，现实世界中事物之间的相互联系则通过数据表间的关系与数据世界中数据相互联系。这种基于语义的集成将 REACA 模型作为整个企业信息系统语义模型变成可能。如果 REACA 模型能够作为整个企业信息系统的统一语义模型，整个 AIS 将真正基于统一数据模型，实现数据的完全共享。

企业内所有的用户都可以根据自身的角色和权限对系统中的数据进行不同维度的分析，能够实现"同源"财务数据与非财务数据的多元化采集、记录、维护、存储和提取。因而，REACA 扩展模型支持财务业务的一体化，能够实现集成业务过程和信息处理过程、集成财务信息和非财务信息、集成会计核算和管理。

（2）REACA 模型是需求导向的 AIS 逻辑建模模型

需求导向有如下两层含义。

其一，REACA 模型为应对信息化环境下业务活动和业务信息管理活动的需求而提出。信息化环境下，企业的业务活动以信息系统为基本环境，企业业务过程与信息系统中的信息过程紧密结合，相伴而生，从而引致对业务过程和信息过程的控制需求。对业务过程的控制需求和对信息过程的控制需求作为企业业务活动的现实需求，在进行信息系统需求分析的时候，应被纳入考虑范围。同样，现代公司治理理论与独立审计要求以及审计工作在企业中的独立性，是将审计要素单独纳入模型的思想基点，因此吸纳了控制要素和审计要素的 REACA 逻辑模型，是对现实企业实体的真实逻辑表达。

其二，REACA 模型支持需求导向的信息供给模式。REACA 扩展模型保留了 REA 模型的基本元素，并利用信息化环境下的信息集成优势，将模型扩展到控制和审计层面。REACA 扩展模型面向整个企业管理，从原始经营事件出发，存储于数据库中的是未经人为加工的实际事件的语义表述。REACA 扩展模型中资源、事件、参与者为基本元素，控制和审计为扩展元素，包含了货币数据与非货币数据；以事件为基础，集成业务流和信息流，集成包括财务会计数据、管理会计数据的业务数据。这样，不同利益相关者就可以实时地从同一业务事件的不同属性、不同角度去提取信息，按需生成各种定制化、个性化报表，满足个性化的需求。

REACA 扩展模型是一种信息含量更丰富、信息处理更灵活的需求导向的信息系统分析模型，能够根据一定权限控制按需产生各种综合程度的信息，可满足企业内部不同层次的管理决策要求以及政府税务、审计、上级主管单位、事务所等不同主体的审计要求。

（3）REACA 模型是基于风险管理思想的 AIS 逻辑建模模型

REACA 模型整合控制和审计，从"范围维"和"时间维"两个维度体现信息化环境下 AIS 系统风险管理的思想。其中，"范围维"是指 REACA 模型针对的风险和控制，不仅包括业务风险、业务控制和业务审计，而且包括信息系统内信息风险、信息风险控制、信息系统审计；"时间维"是指 REACA 模型在系统分析、系统设计、系统测试和系统实施的整个时间跨度上体现对业务风险和信息处理风险的控制和审计。

基于 REACA 模型的逻辑建模过程中，从业务事件的识别和分析开始，就全面考虑了业务事件的风险和与业务事件有关的信息处理风险，并针对这两种风险有的放矢地规范了相应的业务控制规则和信息处理控制规则。REACA 扩展模型将控制要素的内涵延伸，使控制要素不仅包括参与者对事件的业务控制，而且包括对信息系统的应用控制；REACA 扩展模型吸纳审计作为模型的基本要素，并将审计要素定义对控制要素的监督，体现在信息系统分析初期就将风险、控制和对日后审计工作支持能力的要求一并考虑，不仅包括对业务控制的审计支持，而且包括对信息系统应用控制的审计支持。

基于 REACA 扩展模型的逻辑建模，以事件为中心，以资源和参与者为基本分析属性，以控制和审计为思考重点，构建会计信息系统的逻辑模型。因此，REACA 模型可以称作是一种基于风险管理思想的 AIS 逻辑建模模型。

（4）REACA 扩展模型是一个支持多视图的结构化建模模型

REACA 扩展模型定义了事件、资源、参与者、控制和审计五个要素，分别从业务事件，事件所涉及的资源、参与者和控制四个侧面描述业务活动，实际上形成了描述企业的四个视图：过程视图、资源视图、组织视图和控制视图。

过程视图，描述企业目标的功能结构，即描述要实现的功能和功能之间的关系；资源视图，描述资源与功能、控制、组织结构之间的关系；组织视图，通过参与者角色的划分描述企业的组织结构，以及组织结构对企业功能对象、资源对象的职责关系；控制视图，描述企业的业务执行规则，记录和维护过程视图、资源视图和组织视图之间的关系。

REACA 模型的建模方法是一种结构化的方法，它采用自顶向下、逐步细化逐层分解的方法，将企业的经营活动划分为业务过程，业务过程又由底层的业务事件构成，其执行的顺序和规则由控制处理器定义并触发。因此，REACA 扩展模型是一个支持多视图的结构化逻辑建模模型。

（5）REACA 模型借鉴面向对象的思想方法

结构化方法以 ER 图的形式将现实世界事物抽象为实体，并采用属性描述事物的特征；面向对象方法以对象图和类图的形式将现实世界事物抽象为对象，提供从属性和操作两个方面，采用封装、继承、消息等特有机制描述事物特征的方法。相对于 ER 图，这种同时提供描述对象静态（属性）和动态（操作）特征的方法具一定优势，因此在新型软件开发中被广泛采用。

本书借鉴面向对象的思想方法，以事件为中心，以资源和参与者等静态特征为属性，以控制和审计为动态特征，综合描述业务事件的信息。借鉴面向对象中封装的思想，REACA 模型研究的目标是针对每一事件，规范分析其资源、事件、参与者、控制和审计要素，试图寻找企业业务过程中典型业务事件的一般属性和操作，并把它们封装在事件内部，以探寻可以标准化、规范化的业务事件模板。

基于 REACA 模型的会计信息系统逻辑建模时，开发人员可以实现对业务活动的系统性、规范性分析，侧重于分析那些经常性业务事件，为保证业务活动顺利完成应采取的业务控制和信息系统控制，完成业务活动所需的资源、参与主体，以及执行业务时的投入和结果考评。

（6）REACA 模型支持面向对象软件开发方法

控制与审计要素的嵌入是会计信息系统发展中面临的重要课题之一。软件工程和内部控制工程学都提供采用工程学的思想构建信息系统的方法论指引，但尚缺乏实施方面的指导。

现有的研究多数采用 ER 实体关联法研究 REA 模型，只描述信息系统的静态数据结构。本书采用面向对象的 ER 方法，借鉴面向对象方法中的隐藏、封装、消息等特有的机制，可以同时描述对象的静态特征和动态特征。在面向对象的方法中，系统分析阶段的描述工具（例如用例图、类图、顺序图、合作图、活动图、状态图等）与 REACA 模型并不矛盾。其中用例图用于描述客户的需求，通过用例模型，可以找出系统的主要功能，明确系统与外部的交互；类图用来描述系统的静态结构；顺序图、合作图、活动图和状态图用来描述系统的动态行为；REACA 模型侧重分析系统关键业务事件、事件的资源、参与者之间的关系及每个实体内部的控制属性和审计要求。

本书借鉴面向对象的思想方法，从面向对象方法的思维角度构建 OO – ER 法表示的 REACA 扩展模型。本书认为 REACA 模型的表示逻辑与面向对象的软件开发方法具有匹配性，因而适合采用面向对象方法开发 REACA 扩展模型，这将有助于将业务过程、控制过程和审计过程整合，也将有助于控制与审计嵌入式信息系统的开发。

因此，REACA 扩展模型实际上采用面向对象方法和结构化方法相结合的软件开发方法。

（7）REACA 扩展模型是一个以资源和事件为纽带的开放式逻辑模型

通过前文的论述，本书认为不断变化的信息需求是推动 AIS 逻辑建模思想发展的原动力，基于 REACA 扩展模型的逻辑建模思想是一个以资源和事件为纽带的应对需求变化的开放式逻辑建模平台。

REACA 扩展模型通过事件和事件之间的触发关系，或者通过共享公共资源将不同的业务事件和业务过程结合起来，例如，"客户订货"事件触发"接受客户订单"事件，而实现获取支付过程和转换过程对"存货"的资源共享。

根据企业建模的范围不同，REACA 扩展模型可以用于对会计信息系统的建模，也可以用于对企业信息系统建模。在基于 REACA 模型的 AIS 中，业务过程和管理活动、控制活动和审计活动、信息过程和处理过程、信息处理和实时控制、财务信息与非财务信息的集成，有助于业务、会计与管理活动一体化。

以资源和事件为纽带，基于 REACA 模型的 AIS 易于实现不同业务模块和管理需求的整合，是一个开放式的逻辑建模模型。与生产管理、供应商管理、战略管理、决策管理等管理需求相结合，基于 REACA 模型的企业信息系统和供应链系统能够满足财务会计、管理会计、财务分析与管理、企业战略管理等需求。因而，REACA 扩展模型是一个开放的逻辑建模平台。

（8）REACA 扩展模型的实施将有助于提高会计信息质量

会计信息是会计工作流程的产出品，会计信息的质量是衡量会计工作效益的重要方面之一。长期以来会计信息失真是理论界与实务界面临的难题，提高会计信息的透明度成为人们对会计信息的迫切要求。

会计信息失真可以分为规则性失真和执行性失真。其中，会计信息规则性失真是指①会计规则作为人为制造的秩序，与会计域秩序（利益相关者以其所投资的资源为依据而进行的利益冲突与协同的结果）不会完全吻合，因此按照会计规则要求所生产和披露的会计信息不一定具有真实的特征。会计信息执行性失真是会计规则在执行过程中由于信息不对称、逆向选择等原因导致执行人会计规则的执行偏差。能否产生真实的会计信息，不仅取决于会计规则与会计域秩序的一致性，还取决于会计执行人对会计规则的执行情况。

REACA 扩展模型既能提供传统视图输出的各种报表，同时能够支持产生其他多种视图的财务报表、管理报表，支持财务信息与非财务信息的按需提供。REACA 扩展模型的实施能够在一定程度上规避两类失真：一方面，在 REACA 扩展模型下财务信息不再是外部利益相关者进行决策的唯一依据，授权的用户可以对原始数据进行分析，可以在一定程度上减少外界对会计信息规则性失真的指责；另一方面，REACA 扩展模型内嵌了控制和审计过程，使控制与审计活动开始的时间点提前，很多控制与审计活动内嵌于信息系统内部，程序化的执行过程有利于规避违规性失真，有助于日后监管。

7.2 研究的局限性

本研究的局限性如下。

（1）本书研究了 REACA 扩展模型的理论架构、建模规则等问题，但未能对 REACA 扩展模型进行实证检验。该模型的效益和效果尚需进一步验证。

---

① 吴联生．当代会计前沿问题研究［M］．北京：北京大学出版社，2006．

（2）本书提出了采用面向对象的方法建立 REACA 扩展模型的逻辑模型，并用一个案例阐述了 REACA 模型的理论与方法，但未能基于 REACA 扩展模型实现对一个典型企业的完整逻辑建模。本书详细阐述了 REACA 扩展模型的理论内涵和技术方法，但没有针对企业业务过程的复杂性和多变性过多地深入业务规则的详细细节，REACA 模型在具体业务细节的描述方面尚需继续研究。

（3）本书把审计作为一个单独的要素提出，文中更多是对审计要素的理论探讨，对具体审计线索的预留没有展开。这是因为，审计要素提出的目标是考虑不同主体日后审计的需要，并为这种需要在逻辑建模阶段预留审计线索。但由于不同主体（政府、上级部门、会计师事务所等）审计需要的未知性，所以本书没有对此展开。

（4）本书针对 REACA 模型的逻辑建模展开，研究了 REACA 模型的逻辑建模理论和方法，并证实了 REACA 模型在逻辑建模方面的理论和实践优势，但对 REACA 模型的物理实现问题未加涉及。REACA 模型从逻辑模型到物理模型的实现环节尚有一定难度。

上述不足构成了本书需要进一步研究的方向。

7.3 REACA 扩展模型应用的瓶颈与展望

7.3.1 REACA 扩展模型应用的瓶颈

REACA 扩展模型应用上存在一定瓶颈，主要包括以下几点。

第一，REACA 扩展模型的物理建模在技术上尚存在一定难度，REACA 扩展模型在从逻辑模型向物理模型转化的规则、方法方面尚需要大量工作。

第二，在 REACA 扩展模型的实施上尚存在一定管理风险。REACA 扩展模型是事件驱动的、集成化的业务过程建模模型。系统的集成化在提供更加实时的业务过程、控制过程、审计过程和信息过程，提高会计信息透明度的同时，也会给企业带来信息安全等多方面的风险。而会计信息像其他商品一样，其信息的供给是由利益相关者的利益博弈过程和其结果所决定的。

7.3.2 REACA 扩展模型应用的展望

面对 REACA 扩展模型的理论障碍，笔者认为只要人们追求对会计信息的持续改进，强调会计信息对决策的支持，那么人们对事件驱动的、集成化会计信息系统的研究就会深入下去。在这方面需要研究的课题还很多，除了上文中指出本研究的局限与不足外，结合理论界与实务界研究热点之一的可扩展商业报告语言（extensible business reporting language），笔者认为 REACA 扩展模型继承了 REA 模型的思想，追求的是反映经济活动的原貌，而 XBRL 立足于财务报告信息交换与披露。如果基于 REACA 的 AIS 能够实现与 XBRL 拥有完备接口，将会增加代理人的造假成本，从而极大改善会计信息的透明度。当然这是一个非常庞大的工程，也是未来 REACA 扩展模型的研究方向之一。

另外，云计算作为一种新兴的技术，必然会对会计信息系统的构建产生影响。

云计算是分布式计算技术的一种，其概念是透过网络将庞大的计算处理程序自动分拆成无数个较小的子程序，再交由多部服务器所组成的庞大系统经搜寻、计算分析之后将处理结果回传给用户。通过这项技术，网络服务提供者可以在数秒之内，处理数以千万计甚至亿计的信息，达到和"超级计算机"同样强大的效能。

基于云计算的会计信息系统是未来会计信息系统的发展趋势之一。基于云计算的会计信息系统是指基于云计算技术实现的会计信息系统，该系统能够实现社会会计信息和过程的集成。云计算会计信息系统突破价值链的概念，将会计信息集成从价值链企业群扩展到社会中所有企业价值信息的集成。

在经济全球化的背景下，很多企业已经不再局限于国内贸易，一方面他们需要向全球宣传自身品牌，另一方面需要从全球发现新的商机。云计算会计信息系统正好满足了他们的需求，它集成了全球企业的财务、业务、商务等一体化信息，这样企业自身的变化通过云计算平台直接反馈到全球其他企业，同时企业也能很快从全球其他企业中获得商机。云计算会计信息系统基于 Internet 技术，系统架构基于面向服务（SOA）的技术结构，实现了全球企业的财务、业务、商务信息集成，为全球贸易提供高效率的经营平台。REACA 扩展模型在云计算技术下的应用是本课题未来研究的方向。

7.4 对未来会计信息系统发展策略的若干思考

针对所论述的 REACA 扩展模型的理论优势、瓶颈与发展前景，本书认为理论界应在全面认识 REACA 扩展模型的基础上，加强内部控制与信息化的研究。毕竟 REA 模型在国外受到高度重视并予以实施，其间不乏成功应用的案例，而且国内不少专家也在学术界展开对该模型的研究与探讨，相当一部分学者甚至认为该模型的应用是现代会计信息系统与传统会计信息系统的分水岭。因此，应加大对 REACA 扩展模型基本理论的研究。这一过程需要多方面的努力与配合，共同推进会计信息系统的发展，促使会计信息系统与时俱进，与信息化环境下经济业务发展实务相互推动。

从目前来看，在会计信息系统的发展策略中需要重视以下几点。

（1）加大复合型人才培养力度

信息技术的应用使得会计提供信息的职能在演变、强化和发展，使之更接近于人们的期待和理想。尽管目前有些还没有完全实现，但随着信息技术的发展及其应用不断深入，具有全新职能的会计信息系统一定会呈现在世人面前。但是，由于会计系统无论何时都属人机系统，会计人员始终是会计信息系统的支撑要素，新型会计要求既熟悉信息技术、通晓会计业务，又了解企业全部业务过程及运行规则的高端会计人才。

首先，高校应该积极适应信息技术的发展，改造传统课程设置。

AICPA 主席曾经指出："如果会计行业不按照 IT 技术重新塑造自己的话，它将有可能被推到一边，甚至被另一个行业——提供信息、分析、签证、服务有着更加创新视角的行业所代替。"高校是会计人员大量诞生的基地，高校要重视对会计专业学生加强信息技术知识的培养和考核，增强学生对现代先进信息技术的理解和应用能力，为社会培养出更多反映社会需求的复合型人才。

其次，企业应加强会计人员信息化后续教育。

随着科技的发展和组织经营状况的日趋复杂，会计人员已经脱离了"账房先生"的传统角色定位，成为组织重要的综合管理者之一。会计人员最了解全部业务过程及运行规则，并经常从会计的角度对业务过程的合理性、合算性进行评价，因而承担着综合管理任务。同时，会计人员特定的业务风险分析、项目的成本分析、效益预测等能力将在组织的战略决策活动中发挥重要作用。企业应当充分认识到会计人员在组织发展战略决策中的重要性，优秀的会计人员将会更多地成为企业业务的综合管理者。

然而，面对日益复杂的经营环境和庞杂的数据，决策者经常同时面临

"数据①爆炸"与"信息②匮乏"的问题。会计人员通过职业后续教育,掌握信息获取与分析的方法,用信息技术将自己武装起来,减少对信息技术专业人员的依赖,从而把握信息技术环境下会计职能演变和发展的脉搏。

（2）妥善平衡利益集团的需求

REACA 模型下的会计信息系统将有利于形成会计信息按需生成的会计信息供给机制。单从技术层面上来看,集成财务会计系统、管理会计系统、业务过程控制与审计的大系统无疑能够提高组织的工作效率与效能,但由于信息化过程与组织之间的关系比较复杂,效果的优劣要同时受外界环境、组织结构、工作流程、权力分配、组织文化等诸多方面的制约与影响,因此,现实的应用效果并不理想。

企业信息化后产生的范围和影响是深远的,不但关系到投资者、融资者的切身利益,还关系着包括会计师事务所、证券公司、银行、税务、软件提供商等集团的利益,也掺杂有各类和各级政府部门之间权力分割的矛盾。因此,如果把会计信息的产生机制视为利益相关者的博弈过程,那么在这个利益角逐与共飨的格局下如何平衡有关各方的利益与诉求,决定着会计信息作为一种特定商品所应具有的流程、控制过程、产生机制和披露机制。

（3）支持科研单位开展多层面的科学研究

根据调查显示,上市公司在流程层面的控制缺陷中 36% 源于信息技术的控制缺陷。企业内部控制与其说是解决企业内部控制问题,不如说是解决基于信息技术的企业内部控制问题,主要是企业内部控制信息系统的整体框架、体系问题,而企业内部控制中大量和基本的事项是属于会计控制方面的。正是基于这样背景,有必要对基于 IT 环境的企业内部控制信息的体系进行研究,重点是对会计控制信息体系进行研究。通过研究,进一步向有关部门提供制订政策、法规、制度的参考建议,满足企业对建立内部控制体系的要求、企业风险管理的要求,满足软件公司系统设计的要求。

在理论层面,应加强信息化环境下企业内部控制体系基础理论、信息化环境下内部控制与内部审计的关系、会计信息系统同内部控制框架（COSO）与 COBIT③ 的关系等方面基本研究。针对国外在信息化领域研究的先驱性以

---

① 数据是指反映客观事物属性的记录。
② 信息是指经过加工处理并对人类行为产生影响的数据表现形式。
③ 信息及相关技术控制目标（control objectives for information and related technology）。

及相关技术文献晦涩难懂，要鼓励科研机构与高校专业学生协作大量开展外文文献的翻译工作，为后续的研究减少语言障碍。

在实践层面，针对国外软件供应商在信息系统集成上的领先地位以及国内大型集团企业的应用实践，疏通科研院所同企业的沟通与交流对于提高我国信息化领域的研究具有重大意义。大型企业在系统实施过程中掌握并积累了宝贵的经验，但由于工作性质以及分工等原因，这些经验分散于不同的部门人员中，不能较好地形成社会效益。加强大型企业集团与科研机构的沟通，一方面有助于改善理论与实践相脱节的状况；另一方面也有助于将实践成果转化为理论总结，从而更多、更好地指导实践。

（4）倡导多主体参与的信息系统开发模式

会计的职能在于反映企业的各项业务活动和提供各种信息，不论在当前的业务财务一体化阶段，还是在即将到来的事件驱动会计阶段，会计人员都将是企业管理层与基本作业层之间的联系与纽带，会计人员必须参与企业信息化建设，与信息技术人员共同完成对信息系统及其资源的管理。

会计人员只有分析企业全部的业务活动，了解与业务过程对应的信息处理过程，才能确定在信息系统中需要设置哪些内部控制功能以及如何驱动业务事件数据记录过程，如何根据信息需求触发数据处理与信息报告过程。因此在信息系统开发的过程中，要在系统分析和设计的全过程引入会计人员、信息系统技术人员、管理人员的参与，形成多主体参与的系统开发模式。

附　录

请购事件、采购事件、验收事件、付款事件的输入控制。

A. 请购单

请购单中的各数据项	输入控制
请购#	由系统自动产生的与请购单唯一对应的请购单
员工#（请购人）	员工#可以在员工表中的下拉列表中进行选择。参照完整性实施于员工表和请购表之间，以确保请购表中的员工#与员工表的员工#一致。在输入数据时，若输入了员工#，系统就会显示员工的姓名以确认数据的录入是否正确
员工#（主管）	参照员工#（请购人）
部门	建立一个部门表，表中包含部门#名称和其他详细内容。部门#可以在部门表中部门的下拉列表中进行选择。参照完整性实施于部门表和请购表之间，以保证记录的部门#与部门表中有的部门相一致
请购日期	实时日期显示为缺省值，经格式检验，使录入的日期有效
供应商#	供应商#可以从供应商表中的下拉列表中进行选择。参照完整性实施于供应商表和请购表之间，以确保请购表中的供应商#与供应商表的实有单位一致。在输入数据时，若输入了供应商#，系统就会显示供应商的其他信息加以确认
项目#	在输入存货请购时，可以从存货表的下拉菜单类表框中进行选择。参照完整性实施于存货表和请购表之间，以确保请购表的项目和存货表的实有项目相一致
数量	采用格式检验，使输入为数字，可以使用有效性规则来确保高数额的存货订购不会出现
单价	使用格式校验，使输入为数字

B. 采购单

采购单中的各数据项	输入控制
请购#	计算机会进行记录检查，确保这一请购存在
订单#	计算机自动生成唯一的订单#

续表

采购单中的各数据项	输入控制
订购日期	当前日期为缺省日期。使用格式检验，确保所输入的日期有效
员工#（采购经理）	员工#的显示是基于登录时所输入的信息。参照完整性，确保订单中的员工#与员工表的实有员工相对应
运输方法	采用下拉列表选择发运方法
供应商#	通过供应商下拉列表选择。参照完整性，确保订单中的供应商#与供应商表中的实有供应商相对应
项目#	存货采购时，项目#可以从存货表中的项目下拉列表中选择。参照完整性，确保订单表中的项目#和存货表的实有项目#相对应
数量	采用格式检验，使输入为数字，可以使用有效性规则来确保高数额的存货订购不会出现
单价	使用格式校验，使输入为数字，可以将存货文档中的相应项目单价设为系统的缺省值

C. 验收单

验收单中的各数据项	输入控制
请购#	系统自动匹配生成
订单#	格式检验，并与已发出未实现的订单相比对
验收日期	当前日期为缺省日期。使用格式检验，确保所输入日期有效
员工#（验收人）	员工#显示是基于登录时所输入的信息。参照完整性，确保订单中的员工#与员工表的实有员工相对应
供应商#	通过供应商下拉列表选择。参照完整性，确保订单中的供应商#与供应商表中的实有供应商相对应
项目#	存货采购时，项目#可以从存货表中的项目下拉列表中选择。参照完整性，确保订单表中的项目#和存货表的实有项目#相对应
数量	采用格式检验，使输入为数字。可以使用有效性规则来确保高数额的存货订购不会出现

D. 付款单

发票表中的各数据项	输入控制
凭证#	发票#是计算机为每一张输入的发票自动生成的
采购订单#	从验收单表复制而来，由系统根据品名"未完成"状态的验收单，操作员在下拉菜单中进行选取
发票日期	使用格式检查以确保输入的是日期，而不是字母或数字。使用有效性规则，比如日期必须在当前年份
应付账款会计员#	员工#可以用登录时输入的信息显示。在员工和采购订单表之间必须加强参考完整性规则，以确保采购订单中的员工#和实际员工数据表一致
到期日	缺省的项目可能包含在供应商主表中，使用格式检查，以确保有效日期数据的输入。可以构造有效性规则以确保到期日不早于采购发票的日期
折扣日、折扣率	缺省的项目可能包含在供应商主表中，使用格式检查以确保有效日期数据的输入

参考文献

[1] ALAN R V, MARCH S T, PARK J, et al. Design science in information systems research [J]. Mis Quarterly, 2004, 28 (1): 75 –105.

[2] O' LEARY D E. On the relationship between REA and SAP [J]. International Journal of Accounting Information Systems, 2004, 5 (1): 65 –81.

[3] AMRHEIN D G, FAREWELL S, PINSKER R. REA and XBRL GL: synergies for the 21st [J]. International Journal of Digital Accounting Research, 2009, 9: 127 –152.

[4] GAILLY F, LAURIER W, POELS G. Positioning and formalizing the REA enterprise ontology [J]. Journal of Information Systems, 2008, 22 (2): 219 –248.

[5] YU FUSHENG, ZHANGMIN . Events approach to basic accounting theory: how far away can it go [J]. Journal of Modern Accounting and Auditing, 2005 (7): 11 –15.

[6] POELS G. Conceptual modeling of accounting information systems: a comparative study of REA and diagrams [J]. Lecture Notes in Computer Science, 2003, 28 (14): 152 –164.

[7] GEERTS G L, TAM K. Kado: an advanced enterprise modeling, database design, database implementation, and information retrieval case for the accounting information systems class [J]. Journal of Information Systems, 2008, 22 (2): 141 –150.

[8] GEERTS G L, MCCARTHY W E. An accounting object infrastructure for knowledge – based enterprise models [J]. IEEE Intelligent Systems, 1999, 14 (4): 89 –94.

[9] GEERTS G L, MCCARTHY W E. Policy - level specifications in REA enterprise information systems [J]. Journal of Information Systems, 2006, 20 (2): 37 –63.

[10] GEERTS G L, MCCARTHY W E. Using object templates from the REA accounting model to engineer business processes and tasks [J]. Review of

Business Information Systems, 2001, 5 (4): 89 - 90.

[11] WHITE J H . REA modeling of mining companies [J]. Journal of Information Systems, 2008, 22 (2): 279 - 299.

[12] ROSLENDER R. The prospects for satisfactorily measuring and reporting intangibles: time to embrace a new model of accounting [J]. Journal of Human Resource Costing & Accounting, 2009, 13 (13): 338 - 359.

[13] BALLENGER R M. A REA business process modeling and relational database development [J]. AIS Educator Journal, 2007, 2 (1): 23 - 31.

[14] MCCARTHY W E. Semantic modeling in accounting education, practice, and research: some progress and impediments [J]. Springer Verlag, 1999, 15 (65): 144 - 153.

[15] MCCARTHY W E. The REA accounting model: a generalized framework for accounting systems in a shared data environment [J]. Accounting Review, 1982, 57 (3): 554 - 578.

[16] MCCARTHY W E. The REA modeling approach to teaching accounting information systems [J]. Issues in Accounting Education, 2003, 18 (4): 427 - 441.

[17] 穆勒. COSO 内部控制实施指南 [M]. 秦荣生, 张庆龙, 韩菲, 译. 北京: 电子工业出版社, 2014.

[18] 美国 COSO. 企业风险管理: 整体框架 [M]. 方红星, 王宏, 译. 大连: 东北财经大学出版社, 2005.

[19] 瓦莱布哈内尼. 内部审计活动在治理、风险和控制中的作用 [M]. 李海风, 译. 北京: 电子工业出版社, 2007.

[20] 霍兰德, 德纳, 彻林顿, 等. 现代会计信息系统 [M]. 杨周南, 译. 北京: 经济科学出版社, 1999.

[21] 艾文国, 王亚鸣. 企业会计信息化内部控制问题研究 [J]. 中国管理信息化, 2008 (15): 14 - 17.

[22] 柏思萍. IT 环境下的企业内部审计模式探析 [J]. 会计之友, 2008 (17): 94 - 94.

[23] 毕晓芳. 对网络环境下事项会计的认识 [J]. 财会月刊, 2003 (11): 8 - 9.

[24] 伯杰伦. XBRL 语言精要 – 21 世纪的财务报告 [M]. 廉晓红，王俊，译. 北京：中国人民大学出版社，2004.

[25] 查尔斯·霍夫曼著. XBRL 在财务报告中的应用 [M]. 北京：中国财政经济出版社，2007.

[26] 常丽娟，张俊瑞. 企业财务信用评价与管理研究 [M]. 大连：东北财经大学出版社，2007.

[27] 陈伟，张金城. 计算机辅助审计原理及应用 [M]. 北京：清华大学出版社，2008.

[28] 陈希晖，陈伟. 信息化环境下审计成本的影响因素分析 [J]. 生产力研究，2008（23）：160 – 162.

[29] 陈旭，郭静. 基于事项法的会计信息系统构建及其专家系统探讨 [J]. 财会通讯，2007（7）：10 – 12.

[30] 陈岳. 事项法会计与会计准则的国际协调 [J]. 财会月刊，2003（15）：43 – 44.

[31] 成思危，葛家澍. 会计信息化教程 [M]. 北京：北京师范大学出版社，2007.

[32] 崔春. REA 会计模式与财务会计框架的一致性研究 [J]. 财会研究，2009（4）：38 – 40.

[33] 崔春. REA 会计模型：中外研究现状评述 [J]. 中国经贸，2009（8）：94 – 95.

[34] 代逸生，陆峻梅. 财务业务一体化会计信息系统中记账凭证自动生成 [J]. 中国管理信息化，2006，9（8）：30 – 32.

[35] 董榆梅，夏建光. 基于 COBIT 的 ERP 实施绩效评价研究 [J]. 云南财经大学学报，2007（23）：115 – 120.

[36] 范玉顺，胡耀光. 企业信息化战略规划方法与实践 [M]. 北京：电子工业出版社，2007.

[37] 琼斯，拉玛. 会计信息系统：商务过程方法 [M]. 甄阜铬，译. 北京：经济科学出版社，2006.

[38] 高经纬. 事项会计数据仓库的构建方法 [J]. 会计之友，2009（3）：67 – 68.

[39] 高市，王晓霜，宣胜瑾. ERP 沙盘实战教程 [M]. 大连：东北财

经出版社，2006.

　　[40] 耿赛，哀名敦，肖明. 信息系统分析与设计 [M]. 北京：高等教育出版社，2001

　　[41] 关宏伟. 谈事项法与会计信息披露 [J]. 财会月刊，2004（02）：17 – 18.

　　[42] 胡玉明. 事项会计：受托责任观与决策有用观的统一 [J]. 外国经济与管理，2002，24（4）：36 – 42.

　　[43] 黄微平. 关于会计信息系统模式的若干思考 [J]. 中国管理信息化，2005（06）：3 – 5.

　　[44] 蒋楠. 事项会计、数据库会计、REA 会计的比较研究 [J]. 财会通讯，2007（01）：30 – 31.

　　[45] 金光华. 风险管理型会计控制信息系统研究：会计信息化发展的新阶段 [J]. 会计之友，2008（4）：4 – 12.

　　[46] 金彧昉，李若山，徐明磊. COSO 报告下的内部控制新发展：从中航油事件看企业风险管理 [J]. 会计研究，2005（2）：34 – 40.

　　[47] 李德胜. 企业内部审计如何应对信息化环境的挑战 [J]. 审计与经济研究，2008，23（4）：41 – 45.

　　[48] 李桂荣. 对会计理论研究事项法的再认识 [J]. 当代财经，2003（06）：111 – 114.

　　[49] 李伟，朱卫东. 若干会计数据存储问题及对策研究 [J]. 中国管理信息化，2008，11（3）：11 – 14.

　　[50] 李瑛玫，姜振寰，乔淑丽. 论信息化环境下的风险导向审计模式 [J]. 生产力研究，2008（8）：143 – 145.

　　[51] 李志伟. 构建基于事件驱动的会计信息系统 [J]. 中国管理信息化，2006（11）：26 – 27.

　　[52] 李宗洋，王志亮. 基于 REA – XBRL 和数据接口技术的会计信息质量改善研究 [J]. 中国管理信息化，2008（15）：7 – 11.

　　[53] 刘萍，T. J. Wang，袁细寿. 会计信息系统的 REA 建模方法及其应用 [J]. 中国会计电算化，2004（5）：16 – 18.

　　[54] 刘雪晶. 企业会计信息化风险控制体系探讨 [J]. 财会通讯，2008（8）：100 – 101.

［55］刘玉廷，王宏. 提升企业内部控制有效性的重要制度安排：关于实施企业内部控制注册会计师审计的有关问题［J］. 会计研究，2010（7）：4－8.

［56］罗青著. 内部控制设计、测试与评价［M］. 北京：经济科学出版社，2007.

［57］骆良彬，张白. 企业信息化过程中内部控制问题研究［J］. 会计研究，2008（5）：69－75.

［58］吕志明. 信息化环境下编制会计报表若干问题分析［J］. 中国管理信息化，2008，11（3）：9－11.

［59］毛华扬，王瑞华. XBRL 会计数据存储方案探讨［J］. 中国管理信息化，2008（16）：20－23.

［60］毛元青，杨海东，张荣荣. 基于 REA 模型的会计信息系统［J］. 哈尔滨商业大学学报，2006（4）：22－24.

［61］美国 COSO. 内部控制：整合框架（2013）［M］. 财政部会计司，译. 北京：中国财政经济出版社，2014.

［62］苗连琦. COBIT：加强会计信息系统的内部控制与审计的一个不可或缺的工具［J］. 中国管理信息化，2008，11（2）：90－93.

［63］宁向东. 公司治理理论［M］. 2 版. 北京：中国发展出版社，2006.

［64］阮武，诸思聪. 基于 COBIT 框架的会计信息系统内部控制［J］. 财会通讯，2008（9）：74－75.

［65］邵建利. 中国企业核算一体化［M］. 上海：上海财经大学出版社，2008.

［66］宋献中，谭小平. 事项会计与传统财务会计的比较分析［J］. 财会月刊，2003（7）：33－34.

［67］孙茂竹. 管理会计的理论思考与架构［M］. 北京：中国人民大学出版社，2002.

［68］孙勇. 基于事件驱动型信息系统内部控制构建探讨［J］. 财会通讯，2009（1）：43－45.

［69］邰建利. 中国企业核算一体化［M］. 上海：上海财经大学出版社，2008.

［70］陶丘山．经济利益会计［M］．上海：立信会计出版社，2008．

［71］田志刚，刘秋生．现代管理型会计信息系统的内部控制研究［J］．会计研究，2003（4）：15－18．

［72］万晓文，焦蒙蒙．事项会计基本理论初探［J］．财会通讯，2008（5）：29－30．

［73］王凡林．信息化环境下和谐人机会计模式初探［J］．会计之友，2008（18）：61－62．

［74］王光远，黄京菁．审计学［M］．大连：东北财经大学出版社，2014

［75］王海林．价值链内部控制［M］．北京：经济科学出版社，2007．

［76］王锴．事项会计理论评述［J］．技术经济，2002（5）：56－58．

［77］王锴．事项审计思想探索［J］．中国管理信息化，2008（15）：31－33．

［78］王奇杰．基于信息化环境的内部审计问题与对策探讨［J］．中国管理信息化，2008，11（13）：53－56．

［79］王生根．企业内部控制基本规范及配套指引解读［M］．北京：北京大学出版社，2011

［80］王晓玲．基于内部控制环境的利益监管博弈分析［J］．中国管理信息化，2008（15）：66－68．

［81］王旭．REA会计模型扩展研究［J］．中国管理信息化，2008，11（9）：11－14．

［82］王振武，迟旭升．信息化环境下会计职能的演变与发展［J］．东北财经大学学报，2008（6）：52－55．

［83］韦沛文．信息化与会计模式革命［M］．北京：中国财政经济出版社，2003．

［84］毋国庆，梁正平，袁梦霆，等．软件需求工程［M］．北京：机械工业出版社，2008．

［85］吴联生．当代会计前沿问题研究［M］．北京：北京大学出版社，2006．

［86］吴祖光，马喻．事项法：财务会计报告的发展方向［J］．西安财经学院学报，2003，16（5）：44－47．

［87］肖泽忠. 大规模按需报告的公司财务报告模型［J］. 会计研究，2000（1）：43－44.

［88］谢萍，程隆云. 企业会计处理流程图示［M］. 上海：复旦大学出版社，2007.

［89］徐兰芳，彭冰，吴永英. 数据库设计［M］. 上海：上海交通大学出版社，2006.

［90］续慧泓. 浅议信息化环境下的会计信息系统集成方法［J］. 会计之友，2008（8）：51－52.

［91］杨定泉. 论网络环境下会计信息供给模型［J］. 中国管理信息化，2007，10（12）：15－16.

［92］杨定泉. 论信息化环境下的会计政策选择［J］. 中国管理信息化，2008，11（2）：9－12.

［93］杨定泉. 信息化环境下的记账凭证分类探讨［J］. 中国管理信息化，2008，11（11）：6－8.

［94］杨录强. 会计信息系统内部控制创新研究：在互联网络环境下［J］. 中国管理信息化，2008，11（12）：13－16.

［95］杨琦，房桃峻. 会计信息系统原理与应用［M］. 厦门：厦门大学出版社，2006.

［96］杨耀伟. 企业会计电算化核算下内部控制的必要性［J］. 财会通讯，2008（12）：67－68.

［97］杨有红，汪薇. 2006 年沪市公司内部控制信息披露研究［J］. 会计研究，2008（3）：35－42.

［98］杨周南. 价值链会计管理信息化的变革［J］. 会计研究，2005（11）：36－40.

［99］杨周南，王海林，吴沁红，等. 会计信息系统：面向财务业务一体化［M］. 北京：电子工业出版社，2006.

［100］杨周南，吴鑫. 内部控制工程学研究［J］. 会计研究. 2007（3）：64－70.

［101］杨周南，赵纳晖，陈翔. 会计信息系统［M］. 大连：东北财经大学出版社，2006.

［102］杨周南，赵纳晖，高宁. 信息技术在会计和审计事务中的应用

［M］. 北京：清华大学出版社，2003.

［103］杨周南. 会计管理信息系统［M］. 北京：首都经济贸易大学出版社，2004.

［104］杨周南. 论会计管理信息化的 ISCA 模型［J］. 会计研究，2003（10）：30 - 32.

［105］于富生，李锋，张敏. 事项会计理论：中国研究现状评述［J］. 财会通讯，2005（6）：10 - 12.

［106］于富生，张敏. 事项会计理论的现实选择与理性思考［J］. 会计之友，2006（02）：8 - 10.

［107］余漱峰. 信息系统环境下的注册会计师审计：COBIT 对注册会计师的参考价值［J］. 财会通讯，2008（3）：71 - 72.

［108］霍尔. 信息系统审计与鉴证［M］. 李丹，刘济平，译. 北京：中信出版社，2003.

［109］占学德. 基于统一建模语言的会计信息系统开发方法研究［J］. 杭州电子科技大学学报（社会科学版），2008（3）：57 - 61.

［110］张福康，姚瑞马. 企业内部会计控制研究［M］. 北京：社会科学文献出版社，2007.

［111］张海藩. 软件工程导论［M］. 4 版. 北京：清华大学出版社，2006.

［112］张华. 企业管理信息化：面向对象方法下的薪资会计电算化系统分析［J］. 管理观察，2008（15）：59 - 62.

［113］张金城，黄作明. 信息系统审计［M］. 北京：清华大学出版社，2009.

［114］张维明. 信息系统原理与工程［M］. 北京：电子工业出版社，2001.

［115］张永雄. 基于事项法的会计信息系统构建研究［J］. 会计研究，2005（10）：10 - 13.

［116］张永雄. 新一代会计信息系统的构造理论与应用方法探析［J］. 中国管理信息化 2006，9（5）：31 - 34.

［117］赵爱玲. ERP 环境下的内部审计信息化嵌入问题探索［J］. 审计月刊，2008（7）：33 - 34.

［118］钟黄聪. 治理会计信息失真的另类思考：基于事项会计［J］. 才智，2008（21）：8 - 9.

［119］周国钢. 收入循环内部控制研究之：客户订购管理业务流程及其内部控制过程［J］. 中国管理信息化，2008，11（16）：17 - 20.

［120］周鹏翔. 对事项会计主流观点的思考［J］. 财会月刊，2007（13）：5 - 7.

［121］周勤业，王啸. 美国内部控制信息披露的发展及其借鉴［J］. 会计研究，2005（2）：24 - 31.

［122］庄明来，蒋楠. 论我国会计系统标准化流程的构建［J］. 中国管理信息化，2008，11（5）：4 - 7.

［123］庄明来. 会计信息化教程［M］. 北京：北京师范大学出版社，2007.

后 记

REA 模型由美国密歇根州立大学会计系教授麦卡锡（1982）提出，是一种以业务事件为系统分析和设计中心的业务过程建模方法。1982 年 7 月，麦卡锡在《会计评论》上发表了题为《REA 模型：共享数据环境中会计系统的一般框架》的论文，被认为是现代会计信息系统开始的标志，麦卡锡也被美国会计学会授予特殊贡献奖。麦卡锡认为，如果要使会计成为企业整个数据系统的一个组成部分，而并非一个独立的、非集成的信息系统，就必须改变原有视角。从建模的视角和数据库设计阶段数据整合的视角来看，会计事项应当具有与非会计事项的决策应用相兼容的特征。随后很多追随者从不同角度对 REA 模型进行扩展，但 REA 模型并没有在实践中得到广泛应用。究其原因，很重要的一条在于技术瓶颈的制约。REA 模型的应用对系统的集成化要求较高，因而需要大容量的存储设备和快速的数据处理能力，这些软硬件环境在 REA 模型提出初期并不成熟。对此，麦卡锡也曾指出，只有信息技术发展到可提供更廉价的存储设备、更快速的信息处理能力时，基于 REA 模型的应用才能成为一个现实。

如今海量数据的处理能力已不再是技术约束，大数据、云计算、数据仓库、区块链等技术的产生和发展为重新思考信息系统逻辑模型奠定了技术基础。

笔者对 REA 模型的关注始于 2006 年在中国财政科学研究院攻读博士研究生期间，此前笔者分别获得了工学学士（计算机工程专业）和管理学硕士（会计学专业）学位，在实际工作中做过网站设计和编辑，并用计算机语言设计开发过小型数据库管理系统，在学习和工作中产生了是否能用计算机语言协同描述业务活动和财务活动，抽取业务和财务的共同要素，集成化建模的思想。正是在这个时候，麦卡锡和他的 REA 模型理论进入笔者的视野，我开始对本书的最初雏形的写作。

2017 年在上海财经大学举办的会计信息化学术年会上，我有幸见到了麦卡锡，回想起论文写作的点点滴滴，深感书中还有许多不足之处，因此本书的出版旷日累时。虽驻笔之日便是遗憾之始，然人生有节，我应笔耕不辍、奋力前行，在以后日子里不断提高和完善。

在本书即将出版之际，首先要感谢我的博士生导师中国财政科学研究院的杨周南教授，从本书的构思、完稿、修改到最终出版，无一不凝聚着她的心血。杨老师严谨的治学态度、敏锐的学术洞察力、孜孜不倦的工作精神一直激励着我不断努力。感谢我的硕士生导师首都经济贸易大学的杨世忠教授，他多年来对我的关心和支持是我内心不断前进的动力。

感谢中央财经大学的李爽教授、孟焰教授，中国财政科学研究院的王世定研究员、赵纳晖副研究员和上海国家会计学院刘梅玲博士，他们对文中的观点和内容提出了很多有益的建议。尤其感谢王世定研究员，在 2017 年会计学会举办的会计信息化年会上，在纪念杨纪琬教授的活动中，他几度哽咽，他对恩师的怀念和敬仰之情使我鼓起勇气把这个并不完美的专著付梓出版，以感谢两位恩师对我的培养和支持。